仕事、人間関係の悩みが
スーッと軽くなる！

HSP専門カウンセラー
武田友紀

# 「繊細さん」の知恵袋

マガジンハウス

# はじめに

## 仕事や人間関係の「困ったな」に答える
## みんなの知恵、お届けします！

この本は、全国の繊細な人たちから「仕事や人間関係を乗り切る知恵」を集めた本です。

ここ数年、繊細な人を指すＨＳＰ（Highly Sensitive Person）という概念が知られるようになってきました（この本ではＨＳＰを「繊細さん」と呼びます）。繊細さんの交流会が開催されたり、当事者がＳＮＳでつながったりと、大きな輪が広がりつつあります。

実は、繊細さんたちが集まる場所で、よく話題にのぼるフレーズがあります。

**「こんなとき、みんなどうしてる？」**

繊細さんは感じる力が強く、相手の気持ちや状況もよく考えます。そのため「相手を傷つけずに誘いを断るにはどうしたらいいんだろう？」「職場の上司に話しかけづらくて……」など、小さな困りごとがたくさんあります。「行きたくないときは断りましょう」といった心構えのアドバイスもいいのですが、困ったときに知りたいのは「実際にはなんて言ったらいいの？」「ほかの繊細さんたちはどうしてるの？」という具体的な方法ではないでしょうか。

**「誘いや仕事の依頼を断りたいとき、私はこう言ってるよ」など、実際に使えるフレーズや体験談を集めて「みんなの知恵」をお届けしたい。コツを知るだけで解決できることが、たくさんある！　そんな思いでこの本をつくりました。**

この本では、より多くの声を集めるべく、繊細さんたちへのヒアリングに加え、100名を超える繊細さんにアンケートのご協力をいただきました。そこにはまさに、毎日を元気に過ごすための「知恵」が、たっぷりと書かれていました。

困ったときや悩んだとき、「繊細さんの知恵袋」を見てみるつもりで、この本を開いてみてください。ふと心が軽くなったり、勇気づけられたり。繊細さんが自分のままで生きるヒントになれば、嬉しく思います。

## 小さなことが気になって、困っていませんか？

この仕事できそう？
今、手いっぱいなのでできませんよ！
そっかー
えっそんなにハッキリ？
なんであんなにハッキリ断われるんだろう…
ランチタイム
最近どう？
何かいいことあった？
えっ？うん…
別にないなぁ…
雑談って苦手だなぁ。何話していいかわかんないよ…

私がいろいろ気にしすぎなのかな？
ふぅ〜
もっと強くならなきゃ…
いろいろ出てくる！同じような人がたくさんいるんだ!!
Yahuu
仕事 繊細
HSPっていうの？
「繊細さん」…
これって私のこと？
あとでゆっくり見よう

PM 1:00
戻りました〜
○○さん！
はっはい!!
××さんがムリそう
なので悪いけど
あなたできない？
ええっと、
わかりました
本当は
断わりたい〜
PM 7:00
忙しいのに
引き受け
ちゃった…
ネットには
「嫌なら断わっていい」って
書いてたけど実際に
なんて言うの？

仕事も人間関係も他の繊細さんたちはどうしてるんだろう？
交流会もあるみたいだけど、知らない人がいる場所に行くのはハードルが高いな〜

そんなあなたへ。繊細さん138人の知恵を集めました！
？？？どなたですか？
武田です
スッ

※調査はwebアンケートおよびヒアリングにて実施。
webアンケート：2020.6.29～7.1。仕事編・プライベート編に分けてどちらか一方を任意で回答いただきました。
ヒアリング：2020年3月～4月に全問実施。webアンケート134名、ヒアリング4名の計138名から回答をいただきました。

仕事、人間関係の悩みがスーッと軽くなる！

# 「繊細さん」の知恵袋　もくじ

はじめに――仕事や人間関係の「困ったな」に答える
みんなの知恵、お届けします！――2

小さなことが気になって、困っていませんか――4

## 序章
## 「繊細さん」が人間関係も仕事もラクになるコツ

――「繊細さん」とは？――18
――繊細さんが持つ４つの性質――21

——繊細さんが元気に生きる3つのポイント——24
——繊細さは小さな幸せを存分に味わえる気質——27

# 第1章 人間関係で悩んだときの知恵袋

1▼友だちのことは好きなんだけど、長時間一緒にいると疲れてしまう——30
2▼ちょっとした指摘に落ち込んでしまうときは、どうしたらいい？——34
3▼まわりに愚痴や不満を言う人がいる。うまく逃げる方法はありますか？——38
4▼家事も、友人との旅行の手配も「私ばっかりやってる！」とイライラしたら——46
5▼何を話したらいいのかわからなくて、雑談が苦手です——52

6▾はっきり断るのが苦手。上手に断る方法はありますか？——58
7▾気の合う人や、繊細仲間ってどうやったらみつかりますか？——62
8▾どうやったら人に頼ったり、自分の弱みを見せたりできますか？——66
9▾まわりの人に、自分が繊細さん（ＨＳＰ）だって伝えてる？——72

## 第2章 仕事で悩んだときの知恵袋

10▾上司に話しかけるタイミングを見計らううちに、時間がたってしまう——78
11▾一度にあれもこれもと頼まれるとパニックになりそうです——82
12▾まわりのフォローばかりで自分の仕事が進まないときは——86
13▾職場で誰かが怒られていると、自分まで落ち込んでしまいます——90

14▼上司や同僚が不機嫌で気を遣ってしまうときは——94
15▼席が近く、見られているようで落ち着きません——98
16▼相手のミスを指摘したいけど、
気を悪くされるんじゃないかと心配です——102
17▼いろいろと厄介ごとを引き受けていたら、
「やってくれる人」という扱いに……——106
18▼人に指示するのが苦手です——110
19▼上手に仕事を断るにはどうしたらいい？——116
20▼職場の飲み会を断りたいとき、みんな何て言ってるの？——120
21▼職場でずっと気を張っていて、毎日ぐったりするときは——124
Column　繊細さんの大変さはどこからくるの？——128

## 第3章 日々の悩みを解決する知恵袋

22 ▼ きっかけは些細なことなのに、すごく落ち込んでしまうときは —— 134
23 ▼ 自分に自信が持てません —— 140
24 ▼ 苦手な人がいるとき、どう接していますか？ —— 146
25 ▼ SNSとの距離感、どうしたらいい？ —— 150
26 ▼ 事故や事件のニュースを見ると落ち込んでしまいます —— 154
27 ▼ 空調の温度、音、光などが気になるとき、どうしていますか？ —— 158
Column 「繊細さ」と「神経質」のちがい —— 164

第4章

「繊細さん」の素敵なところを活かす知恵袋


28 ▼ こんなところに繊細さを活かしています（仕事編）―― 168
29 ▼ こんなところに繊細さを活かしています（プライベート編）―― 176
30 ▼ 自分が「繊細さん」だって気づいたきっかけは？ ―― 180
31 ▼ 繊細さんだって自覚したあと、悩みは変わった？ ―― 184
32 ▼ 自分に向いている仕事ってどうやってみつけたの？ ―― 188
33 ▼ 繊細で良かったなって思うのはどんなところ？ ―― 194

おわりに ―― 小さな実践を通して、たくましくなっていく ―― 202

# 序章

……

# 「繊細さん」が人間関係も仕事もラクになるコツ

## 「繊細さん」とは？

まずはじめに、アメリカの心理学者エレイン・アーロン博士の説に私なりの解釈を加えながら、繊細さんについて簡単にご紹介していきます。

（HSPについては知ってるという方は、23ページまで読み飛ばしてくださいね）

**「人と長時間一緒にいると、疲れてしまう」**
**「まわりに機嫌が悪い人がいると緊張する」**
**「細かいところまで気づいてしまい、仕事に時間がかかる」**
**「疲れやすくて、ストレスが体調に出やすい」**

こういったことはないでしょうか。

まわりの人が気づかない小さなことにもよく気づく、繊細な人たちがいます。

繊細な人たちの感じやすい性質は、長らく「気にしすぎ」「真面目すぎる」など、個人の性格によるものだと誤解されてきました。ところが、アーロン博士が行った調査により「生まれつき繊細な人」が5人に1人の割合で存在することがわかってきました。

**繊細さは生まれ持った気質であり、生まれつき背の高い人がいるように「生まれつき繊細な人」がいることがわかってきたのです。**

アーロン博士は、こうした人たちをHSPと名づけました。HSPは日本語で「とても敏感な人」「敏感すぎる人」と訳されていますが、この気質を「いいもの」としてとらえ、私は「繊細さん」と呼んでいます。

アーロン博士は、繊細な人と繊細でない人（この本では非・繊細さんと呼びます）は、脳の神経システムにちがいがあるといいます。光や音などの刺激を受けたとき、どのくらい神経システムが高ぶるかは人によって差があり、**繊細な人はそうでない人よりも刺激に対して敏感に反応するのだそうです。**

人間だけでなく馬やサルなどの高等動物も、全体の15〜20％は刺激に対して敏感に反応するそうです。種として生き延びるために、慎重な個体が生まれたのではないかと考えられています。

また、繊細さは赤ん坊のころからだという調査もあります。ハーバード大学の心理学者、ジェローム・ケイガン氏の調査によると、約20％の赤ん坊は、同じ刺激を受けても手足を大きく動かし、逃げようとするかのように背中を弓なりにして泣くなど、刺激に対して鋭く反応するのだそうです。

繊細、敏感といった言葉から、おとなしいイメージを持たれがちですが、実は繊細さんの中にもいろんな人がいます。

人前に出て話すのが好きな人もいれば、テキパキとリーダーシップをとってみんなを引っ張っていく人も。中には「職場でははっきりものを言うし、バリバリ働いているから、まわりからは繊細には見えないと思う」とおっしゃる方もいます。そういう方は愚痴や弱音を言わないようにしていることも多く、まわりから「いつもしっかりしてるし、悩みなんてなさそう」と思われやすいです。しかし、カウンセリングでお話を伺うと、刺激を受けて疲れやすかったり、職場の人間関係でもこまやかに配慮していたりと、人知れず悩みを抱えていることがあります。

はたから見える性格は十人十色ながら、繊細さんたちに共通するのは**「非・繊細さんよりも人一倍たくさんのことを感じとり、深く考えている」**ということです。

## 繊細さんが持つ4つの性質

性格は十人十色といわれると「じゃあ、一体誰が『繊細さん』なの？　繊細なところが少しでもあればみんな『繊細さん』なの？」と思うかもしれませんね。

ですが、そうではありません。アーロン博士は、この気質の根底には以下の4つの面（DOES《ダズ》）が必ず存在するといいます。4つのうち1つでも当てはまらない場合には、おそらく「繊細さん」ではありません。

**・D…深く処理する（深く考える）Depth**

さまざまなことを瞬時に感じ、ほかの人が通常考えない深さまで考える。複雑なことやこまやかなことに目を向け、表面的なことよりも本質的なことを考える傾向にある。

**・O…過剰に刺激を受けやすい　Overstimulation**

人一倍気がつき処理するため、人よりも早く疲労を感じやすい。大きな音や光、暑さや寒さ、痛みなどに敏感だったり、楽しいイベントでも刺激を受けすぎて疲れたり、興奮して目が冴えて眠れなかったりする。感じすぎた刺激を流すために、ひとりの時間や静かな時間が必要。

**・E…感情反応が強く、共感力が高い　Emotional & Empathy**

共感力が強く、他者の意思や気持ちを察しやすい。ＨＳＰは非ＨＳＰよりもミラーニューロン（共感を生む働きをするといわれている神経細胞）の活動が活発だといわれている。事故や事件のニュース、暴力的な映画などが苦手な傾向にある。

**・S…些細な刺激を察知する　Subtlety**

小さな音、かすかな匂い、相手の声のトーンや視線、自分を笑ったこと、ちょっとした励ましなど、細かなことに気づく。気づく対象はさまざまで個人差がある。

エレイン・N・アーロン著『ひといちばい敏感な子』、明橋 大二著『HSCの子育てハッピーアドバイス』(ともに1万年堂出版)をもとに著者作成。一部追記

アーロン博士によるHSPセルフテストはhttp://hspjk.life.coocan.jp/selftest-hsp.html(アーロン博士のホームページの日本語版)に掲載されています。

HSPは病気や発達障がいではなく、気質です。光や音に敏感に反応するといった感覚の鋭さから、自閉スペクトラム症(自閉症、アスペルガー症候群などの発達障がい)だと誤解されることがありますが、HSPと自閉スペクトラム症は別物です。自閉スペクトラム症では人の気持ちを読み取るのが難しいのに対し、HSPは人の気持ちを察しやすく、共感力が強いというちがいがあります。

……………

## 繊細さんが元気に生きる3つのポイント

では、繊細さんが元気に生きるにはどうしたらいいのでしょうか。

繊細さんの仕事や人間関係のご相談にのってきた経験から、私は次の3つがポイントだと実感しています。

## 1．繊細さんと非・繊細さんのちがいを知り、自分の繊細さを大切にする

どの分野をどの程度感じるかには個人差がありますが、繊細さんは、人の感情や場の雰囲気、光や音といった環境の変化など「自分の外側にあるもの」はもちろん、体調や自分の気持ち、新しいアイデアなど「自分の内側で起きていること」も、人一倍感じとります。

繊細さんの感覚と、非・繊細さんの感覚は、ずいぶんちがいます。繊細さんがごく自然に気づいて指摘したことでも、非・繊細さんは気づかなかったり、気づいても「まぁいいんじゃない」と思える強さでしか感じられなかったりします。そのため、繊細さんはまわりから「小さなことにこだわる」「神経質」ととらえられたり、「気にしすぎじゃない？」「考えすぎだよ」などと言われてしまうことがあるのです。

繊細さんの中には、幼いころから「自分はまわりとどこかちがうんじゃないか」と感じながら、何がちがうのかがわからないまま大人になった方もいます。感覚は生ま

れつきのものですから、客観的に比較することが難しい。まさかまわりの人が自分とはちがう感覚で過ごしている――自分ほどにはいろんなことを感じていないし、こまやかには考えない――なんて、想像の範囲外なのです。

**自分の感覚と、まわりの感覚は異なることがある。それは優劣ではなく、ただ「ちがう」ということ。繊細さんは、自分の繊細さを大切にすることで、元気になること。**繊細さんには、まずはこのことを知っておいてほしいのです。

**ちがいを知ることで、まわりとのすれちがいが減ります。「なんで気づかないんだろう？　なんで平気なんだろう？」と思っていたのが「そうか、ただ気づかないのか。感覚がちがうのか」と理解できるのです。**

（ちがいについて、詳しくは拙著『「気がつきすぎて疲れる」が驚くほどなくなる「繊細さんの本」』（飛鳥新社）にまとめていますので、あわせてご覧ください）

**2．本音と感性を大切にする**

元気に生きる2つ目のポイントは、本音と感性を大切にすることです。

「自分が感じることは、どこかおかしいのではないか」と自分の感覚を信じきれずにいると、イヤなことやつらいことがあったとき、「自分が弱いからいけないんだ」「気にしすぎる性格を直さなきゃ」など、自分を責める方向に進んでしまいます。自分がどう思うかではなく、まわりの人がどう思うかを基準にしてしまう、といったことも起こりやすくなります。

**どんなにまわりとちがっても、自分が感じたことは、自分にとって本当のことです。本音と感性に耳を澄ませ、「私はこう思う」「こう感じる」と、まずは自分自身で受け止めていくことが必要です。**

## 3. 自分に合う環境を選ぶ

**繊細さんは感じる力が強いため、自分に合う環境にいるとまわりの人や仕事からエネルギーをもらって元気になる一方、合わない環境にいれば、違和感やその場のギスギスした空気なども人一倍感じ取って消耗してしまいます。**寒さ、暑さの一方だけを感じることができないように、繊細さんの感性も「いいもの」だけを抜き出して感じることはできないのです。

ですから、本音を大切に、自分と合う人間関係や仕事を選ぶことが本当に大切です。（自分に合う環境に移るための方法は、拙著『繊細さんが「自分のまま」で生きる本』（清流出版）に詳述しましたので、あわせてご覧ください）

## 繊細さは幸せを存分に味わえる気質

繊細さは、決して大変なことばかりではありません。感じる力が強いがゆえに疲れやすかったり、気苦労が多かったりしますが、その一方で、朝起きて外が晴れているだけで幸せを感じたり、カフェの店員さんのちょっとした笑顔が嬉しかったりと、毎日の小さな幸せにもよく気づき、存分に味わえるのです。

第4章で、繊細さんの素敵なところをたっぷりご紹介しますので、繊細さの良い部分もたくさん知っていただけたらと思います。

では、ご説明はこのあたりにして、いよいよ本題に入りましょう。

繊細さんたちが人間関係や仕事に悩んだときにどう対処しているのか、みなさんの知恵をご紹介しながら解説していきたいと思います。

第 1 章

# 人間関係で悩んだときの知恵袋

会うのは
楽しいけど
長時間は
疲れるん
だよな〜
明日
ランチ
どう?
明日ランチどう?
いいねー
2時までしかいられないけどいい?
いいよー
当日
あっ2時だ。
私、帰るね!
ウン! またねー
あ〜
楽しかった!

1

# 友だちのことは好きなんだけど、長時間一緒にいると疲れてしまう

親しい友だちと過ごすひとときは楽しいもの。でも、時間がたつにつれて疲れてきて、早く帰りたいと思ってしまう。友だちのことは好きなのにこんな気持ちになるなんて、と悩んでしまう繊細さんは少なくありません。無理せず楽しく過ごすにはどうすればいいのでしょう?

## 一緒に過ごせる時間を知っておく

僕は人と出かけるときは数日前から心の準備をしてます。「こういう場合はここに行こう」というふうに何パターンかの過ごし方をシミュレーションしたりして。でも、仲の良い友人でも一緒にいられるのは4時間が限界。カフェなど、長時間対面で話していると疲れてしまうので、途中で場所を変えますね。にぎやかなテーマパークは僕には刺激が強いから、動物のいる牧場のような場所が落ち着きます。（横山さん）

## 「疲れやすいキャラ」をまわりが理解してくれるようになりました

私はもう「疲れた」って相手に言っちゃいます（笑）。そうすることで、「人より疲れやすい」というキャラをみんなが理解してくれるようになったので、無理に気を張らなくてすんでいます。そうなると、疲れてきたときに「休んでいいよ」と自分自身にも許可を出すことができるのでラクですよ。（高田さん）

## 1人の時間をとって休むとラクに

友だちと遊んで別れたあと、しばらく1人になって音楽をかけたりお茶を飲んだりして、とにかく1人の時間を取って体を休めたらラクになりました。友だちから「今日は楽しかったね」とメールがあっても、疲れていたら次の日に返信します。罪悪感が残りますが、気持ちが疲れているときに返信すると気持ちが内容に出るのでわりきって休んでいます。（あおさん）

**そのほか、こんな知恵もありました！**

今日は何時には私は帰るね！ と早めに伝えておくと、ラクになりました。

Qさん

ただただ話を聞いていると本当に疲れるので、自分の興味のある話題にさりげなく持っていってます。

みほさん

大好きな友だちだと空いている時間ぜんぶ遊びたくなってしまいますが、あえて空いていないことにして、適度に日数をあけて会うようにするとラクになりました。

ちあきさん

# 楽しめる時間内で切り上げられるように自分の限界を知っておく

繊細さんは感じる力が強いため、一緒にいる相手の表情やちょっとした仕草、声のトーンなどたくさんの情報を受け取ります。どんなに仲の良い相手でも、長時間一緒にいると刺激を受けすぎて疲れてしまうことがあるのです。「そのときは楽しいんだけど、家に帰ったあとぐったり疲れてしまう」という声もよく聞かれます。

友だちと楽しく過ごすには、まずは自分の限界を知っておきましょう。**3人以上なら90分ぐらいでちょうどいい、1対1なら3時間が限界！　などです。**約束の段階で、あらかじめ「その日は○時に帰るね」と伝えておくと、当日言い出しにくくて気を遣うことも防げます。もしも当日疲れてきたら、前後の脈絡はそんなに気にせず、思い切って「今日はこのへんで帰るね～！」と言ってしまいましょう。申し訳なさを出すよりも、軽く明るく言ってしまったほうが、相手も「あ、そうなんだ。またね」となりやすいです。

刺激を減らす工夫として、ほかには

- **対面で話すよりも横並びで話す**（カウンター席を選ぶ）
- **相手から意識を離す時間を取り入れる**（こまめにお手洗いに行く、ウインドーショッピングや場所移動など物や景色を見る時間を取り入れる）

などもおすすめです。

なお、疲れやすさは、HSP気質以外にも理由がある場合があります。相手が話したそうだからと聞き役にまわったり、疲れても笑顔で過ごしたりと相手を優先していると、表に出せない感情がたまって疲れてしまいます。**自分の興味のある話をしてみる、行きたいお店があったら「寄っていい？」と聞いてみるなど、「自分がどうしたいか」を大切にすることで、人と一緒にいる疲れは減っていきますよ。**

POINT

**本当に仲の良い友人なら関係は続いていくから大丈夫！**

# 2

# ちょっとした指摘に落ち込んでしまうときは、どうしたらいい？

職場や友人関係において、相手から言われた一言がグサッときて、なかなか立ち直れない……。深く考える繊細さんは、何気ない一言にもとことん向き合いがちに。ほかの繊細さんたちはどう対策しているのでしょう？

## イラストを描いて「自分」と「内容」を分けて考える

自分のイラストの上に雲を書いて、その雲の中に指摘された内容を書きます。そしてほかの人がその雲に対して指摘を行っている矢印を書きます。そうすると、自分自身が否定されたのではなく、この内容についてアドバイスがあっただけだと認識できてラクになりました。（ちあきさん）

## 仲の良い人に話してみるとホッとします

仲の良い人や身内に、とてもつらくなっていて聞いてほしい旨を伝えた上で、返信が心地良い感じのときには（優しい、心境をわかってくれている、寄り添い感がある、など）愚痴を吐きます。その際、「こんなことを言っている自分が嫌だ」モードになってしまったら、「一方的だとは思っている。自分可愛さだよね」など、罪悪感もそのまま伝えています。たいてい、相手は私ほど気にしていないし、共感が返ってきて、ホッとします。（扇風機さん）

## 指摘をもらう相手は自分で選ぶ 言い返せなかったことは日記に

演劇活動をやっていると、まわりから受ける評価が「ダメ出し95％、褒めてもらえること5％」ということがザラ。ダメ出しがほとんどなことに、はじめは影響を受けました。今は、的確な指摘をしてくれる人を自分で選ぶようにしています。以前のようにむやみにワークショップなどにも行かなくなりました。その場で言い返せなかったことを日記に書くという方法も、心がラクになってよかったです。（横山さん）

### そのほか、こんな知恵もありました！

自分はほかの人とちがっていいんだって思うようにしています。

はるさん

小島よしおの「でも、でも、そんなの関係ねぇ！」を頭の中でリピート再生します。

まさこさん

外へ出て、緑や空気の匂いをかぐ。落ち着き冷静な自分になれました。

melonさん

## 指摘されたときの気持ちを受け止めると動揺が鎮まる

繊細さんには「深く考える」という性質があります。まわりから指摘を受けると「私があのときこうしておけばよかった」と自分の行動を何度も振り返ったり、「どういうつもりで言ったんだろう」と相手の発言の背景を考えたり。相手の一言が自分の中で燃え広がってしまうのです。

そんなとき、**まずは言われたときの自分の感情に耳を澄ませてみましょう。**「あんなことを言われて、イヤだったな」「ショックだったな」という感情に、「そうだよね、イヤだったよね」「びっくりしたよね」とうなずいてあげるのです。自分の感情を受け止めることで、少しずつ動揺が鎮まっていきます。

また、相手の言葉を検証してみましょう。繊細さんは相手の言葉をストレートに受け取りがちですが、**「相手はこう言ったけど、それって本当？」と、相手の言葉に「？」をつけてみるのです。**「自分がだめなんだ」という思いが根っこにあると、相手の言葉がストレートに入ってきてグサッと傷つきます。でも、「それって本当？」という言葉をつけることで、その疑問がフィルターになり、刺さりにくくなります。

人間が相手に言う言葉は、その人自身の生き方を反映しています。相手に対する「もっとこうしたら」「○○なところがだめだよ」という言葉は、その人自身が「自分はこうでなければならない」と思っていること。たとえば、**「もっとちゃんとしてよ」と言う人は、自分自身に「ちゃんとしなければ」と言ってきた人なのです。**言葉のカラクリを知っておくと、「自分のことを言われた」というよりも「この人は、そういう縛りの中で生きているんだな」と理解できます。

いつも落ち込むような言葉をかけてくる人とはできるだけ距離を置き、一緒にいて元気が出る相手、勇気づけてくれる相手といるようにしてくださいね。

POINT

**相手の言葉は、相手自身に言っていること**

3

# まわりに愚痴や不満を言う人がいる。うまく逃げる方法はありますか？

「ちょっと聞いてくれる？」から始まる愚痴や不満。「本当は聞きたくないけど、私が聞いてあげないとなんだか悪い気がして……」と応じているうちに、延々と聞くことに。相手の愚痴や不満から逃げる方法を探ってみましょう。

## 共感しすぎず、あえてスルー

突っ込んでほしいところや共感してほしいところが、繊細センサーによりめっちゃわかりますが（あ、ここ共感してほしいんだな、あー、ここで怒ってるな）、あえてスルーすると、相手がスッキリしなくなるから話さなくなります。（カモミールさん）

## すぐには返事せず、返信回数が減るように工夫

LINEなどの連絡は返信が早いほど何度も返ってくることになるので夜寝る前か次の日の朝に「ごめんバタバタしてて返信遅くなっちゃった」など書いて送り、なるべく返信回数が減るようにしたら悩む回数も減り少しラクになりました。（りんなさん）

## 聞くのがイヤだと思ったら、物理的に離れる

その場から離れる！ です。1対1の場面など、どうしてもできない状況もあるかと思いますが、私は今まで離れても問題ない状況なのにそれができませんでした。私が動くことでどう思われる？ 空気を変えてしまう？ と、まわりを意識しすぎてじっと我慢していました。最近は「聞くのイヤだ」と思った瞬間にそっと離れることで余計な刺激を受けなくて済むようになりました。（まるさん）

### そのほか、こんな知恵もありました！

「その話を聞くと疲れてしまう」と伝えるようにしています。

みゆさん

トイレに行く、電話をかける用事があるなど、相手に伝えてさりげなく場を切り替える工夫をしています。

ここさん

## しんどさを伝えたり、「10分間だけね」と区切って自分の都合を優先しよう

個人差はありますが、繊細さんは聞き上手な方が多いです。相手の立場に立って共感しながら話を聞くため、相手にとっては話しやすく「この人は理解してくれる」と感じられるのです。

繊細さんの聞き上手は、仕事やプライベートで活かしていける強みですが、**強みは自分の意思に基づいて使わねばなりません。聞きたくないときには「逃げる」「あえて聞かない」ことが必要です。**

愚痴や不満を避けるには、以下の方法があります。

**1．話題を変える**

話題を変えるなんて難しそう、と思われるかもしれませんが、**「ところで」「そういえば」と枕詞をつけると、無理なく話を変えることができます。**

相手がまだ話したそうでも、話が終わっていなくても「へー、そうなんだ。ところで……」「そっかぁ。そういえば、昨日テレビで……」と、自分の話したい話題に変えてしまいましょう。一度やってみると「話題ってこんなに簡単に変えられるものだったんだ！」と驚きますよ。

**2. しんどい気持ちを伝える**

**・「ごめん、ちょっと苦手」「これ以上は聞いていて苦しい」など、自分がどう感じているのかを伝えるようにしています。たいてい、ごめんねってそこで止めてくれます。**（扇風機さん）

**・しんどくなってきたら手を挙げて「ごめん、話を聴いてあげたいんだけど、ちょっとしんどくなってきたから休憩させてもらっていい？」と相手も気遣いつつ自分がしんどいことを相手に伝え、配慮してもらうようにしています。**（はなまるさん）

など、相手に「しんどい」と伝える、という回答が複数ありました。話し手は、熱が入るとつい聞き手の心情そっちのけになってしまいますが、こちらが伝えれば「しまった」と気づいてやめてくれるのですね。

愚痴ではありませんが、私も以前、友人の恋愛話が長引いたときに、笑いながら「いやー、もうおなかいっぱい！」と言ってストップしてもらった経験があります。

**3．まとめてしまう**

**・「いろいろ難しいですよね」と言ってまとめてしまう。（しらたまさん）**

相手の話を否定せず、まとめてしまう。これは上手な方法です。

メッセージであれば「大変なんだね、ゆっくり休んでね」というまとめ方もおすすめです。そう言われてしまえば、相手にとってはあとが続けづらいものです。

**4．アドバイスする**

難易度が上がりますが、**「アドバイスする」というのは愚痴や不満を防ぐ方法の1つです。**愚痴や不満を言うとき、ほとんどの場合で「ただ話を聞いてほしい」「共感してなぐさめてほしい」など、気持ちよく話したいのであって、具体的なアドバイスを求めているわけではありません。ですから、すぐにアドバイスしてくる人にはそもそも愚痴や不満を言わないのです。

**5．時間を区切る、聞くタイミングを指定する**

**・「次に○○の用事があるから、10分間だけね」と区切りをつけるようにしています。（みゆさん）**

**・「ちょっと聞いてよ」とメッセージがきたときには、「明日でいい？」などタイミングをずらす**

**・愚痴の多い友だちには「ちょっと今忙しいから、落ち着いたらまた連絡するね！」と言ってしまう**

愚痴や不満にはピークがあります。「ちょっと聞いてよ」と話を持ちかけるときって、感情がたまってワーッと言いたいときなのです。ですから、すぐに話を聞くのではなく「明日でもいい？」とタイミングをずらすだけでも、相手の中である程度消化が進み、話す勢いがおとろえます。

相手に言われるままに話を聞くのではなく、「明日なら聞けるよ」「○時までならいいよ」と**自分の都合を伝えることは、相手との関係にもいい影響を及ぼします。**いつも愚痴や不満の聞き役になってしまう場合、相手から「この人は、いつでも、どんなことでも聞いてくれる」と思われている可能性があるのです。自分の意思を伝えることで、「いつでも、どんなことでも聞けるわけじゃない」「私には私の都合がある」と示すことになり、延々と愚痴や不満を言われることが減っていきますよ。

### 6. 物理的に逃げる

**・相手が愚痴を言い始めたら「へぇ〜、そうなんですね」と言って席を立ってお手洗いに行く、ちょっとコンビニまで出かけるなど物理的に離れる。**

「職場で、先輩や上司の愚痴の聞き役になってしまった」という相談者さんにお話を聞くと、「ほかの人はみんな逃げちゃうから、私まで逃げたらこの人のまわりに誰もいなくなってしまう」「根は悪い人じゃないから、聞いてあげたらいつか変わってくれるんじゃないか」など、相手に同情する言葉が出てきます。ですが、「その人のことが好きですか？」と伺うと、「いや……、好きじゃないです」とおっしゃるのです。

**イヤな顔をせずに誰の話でも聞けることは、一見いいことのようにみえますが、や**

**りすぎるのは危険です。**「ほかの人は無理だけど、あなたならうまくやっていけるでしょ」と癖のある上司のもとに配属されたり、気難しいお客様の対応ばかり任されたりすることもあるからです。

ある営業の方は、職場に不機嫌な上司がいるそうですが、上司が愚痴を言い出すとみんな営業に出てしまって、上司のまわりから人がいなくなるそうです。繊細さんはつい逃げ遅れがちですが、まわりの人と同じように逃げてしまっていいのだと思います。

**「いかにラクに聞くか」をがんばるのではなく、「本当は愚痴を聞きたくない」という本音を大切に、すっとトイレに立つ、ほかの場所で作業するなど、物理的に逃げるほうに注力してくださいね。**

POINT

相手を助けようとしなくてもOK
「聞きたくないな」の気持ちを大切に

## 4

# 家事も、友人との旅行の手配も「私ばっかりやってる！」とイライラしたら

小さなことにもよく気がつく繊細さんは、仕事でもプライベートでもつい先回りしてあれもこれもとやってしまいがち。でも、自分ばかりやりすぎると「あなたももっとやってよ！」とイライラしてしまうことも。そんなとき、どうすればいいのでしょう？

## 家族と話し合い、分担しました

私は家族よりもいろんなことに気づくので、目に触れるとついいろいろとやってしまいがち。自分の判断でやっているはずなのにだんだん疲れてしまって……。そこから家族と話し合い、分担の仕方などを決め直してからはだいぶんラクになりました。（川口さん）

## 放っておくと、案外ほかの人もやってくれる

少しでも「私ばっかり」という気持ちが出てきているな……と感じたら、それについての情報はいっさい遮断して、何もしないことにしています。すると案外、家族や友人が手配を進めてくれたりして、自分が「手配しなきゃ……」と気負いすぎていたなと気づくことも多いです。
（ちあきさん）

## 「やりたいと思えること」だけをチョイス

負担にならないように「自分がやりたいからやった」と思うようなことだけをチョイスするようにしています。もし、それが自分ばかりでも、やりたいからやったと思っていれば、そんなにイヤな思いはしなかったです。
（はるさん）

**そのほか、こんな知恵もありました！**

「今回は○○に任すわ〜」と伝えました。

よりさん

一番良いのは、「疲れているときには何もしなくて良い。放っておいて良い」「一気にやらなくて良い（食後の食器を数回に分けて洗う、など）」というルールです。無理しないことでお互いプレッシャーが減り、思いやりが深まりました。

扇風機さん

## 頭で考える「～すべき」よりも心の「～したい」を大切に

繊細さんの「深く考える」という性質には、じっくり考察を深める側面と、パッとさまざまなことを思いつく側面の2つがあります。後者では、とくに意識せずとも「これはこうしたほうがいい」「ここは大丈夫かな？」とパッと考えが浮かぶのです。

仕事だけでなく、家事や旅行の手配といったプライベートでも、繊細さんは非・繊細さんよりも数多くのことに気づきますから、それを全部やっていると、小さなタスクが積もっていきます。

よく気づくのは繊細さんの長所ですし、こまやかなフォローに助けられているまわりの人も多いことでしょう。ですが、**家事も仕事も、「私ばっかりやってる！」とイライラしたら、やりすぎのサインです。一度手を止めて、本当はどうしたいのか、自分の本音を確かめてみましょう。**

なぜここで「本音を確かめよう」とお伝えしているのかというと、**イライラとは、**

**本当にやりたいことと今やっていることがずれている状態だからです。「～したい」という本音と、「～すべき」という思考がくいちがっていて、「～すべき」に支配されているのです。**

本音と思考を見分けるために、次の説をご紹介します。精神科医の泉谷閑示《いずみやかんじ》氏は、人間を「頭」「心・身体」に分けて次のように解説しています。

「頭」は理性の場で、なんでもコントロールしたがる傾向にあり「～すべき」「～してはいけない」という言い方をする。「心」は感情や欲求、感覚（直観）の場であり、「今・ここ」に焦点をあてて「～したい」「～したくない」「好き」「嫌い」などの言葉を使う。

「心」と「身体」は一心同体につながっていて、頭が心に対してフタをしてしまうと、頭に聞き入れられなかった心の声が症状として身体に表れる、というのです。

（泉谷閑示著『「普通がいい」という病』講談社現代新書より要約）

泉谷氏の説を受けて、私は本音と思考の関係を、次のイラストのようなイメージでとらえています。イライラしながら家事や仕事を進めているとき、**心が発する「～したい」という本音が、頭が発する「○○しなければならない」という「べき思考」に覆われて、見えなくなっているのです。**

ですから、イライラしたときはとりあえず手を止めて、深呼吸。

自分が本当はどうしたいのか、本音に耳を澄ませてみましょう。ポイントは「相手がこうしてくれたらいいのに」ではなく、**「私はこうしたい」と「自分」を主語にして考える**ことです。

家事の分担であれば、パートナーに対して「あなたがやってよ」と思うかもしれませんが、その奥にある本音は「私は疲れたよ。休みたいよ」あるいは「私はほかにやりたいことがある」ということかもしれません。

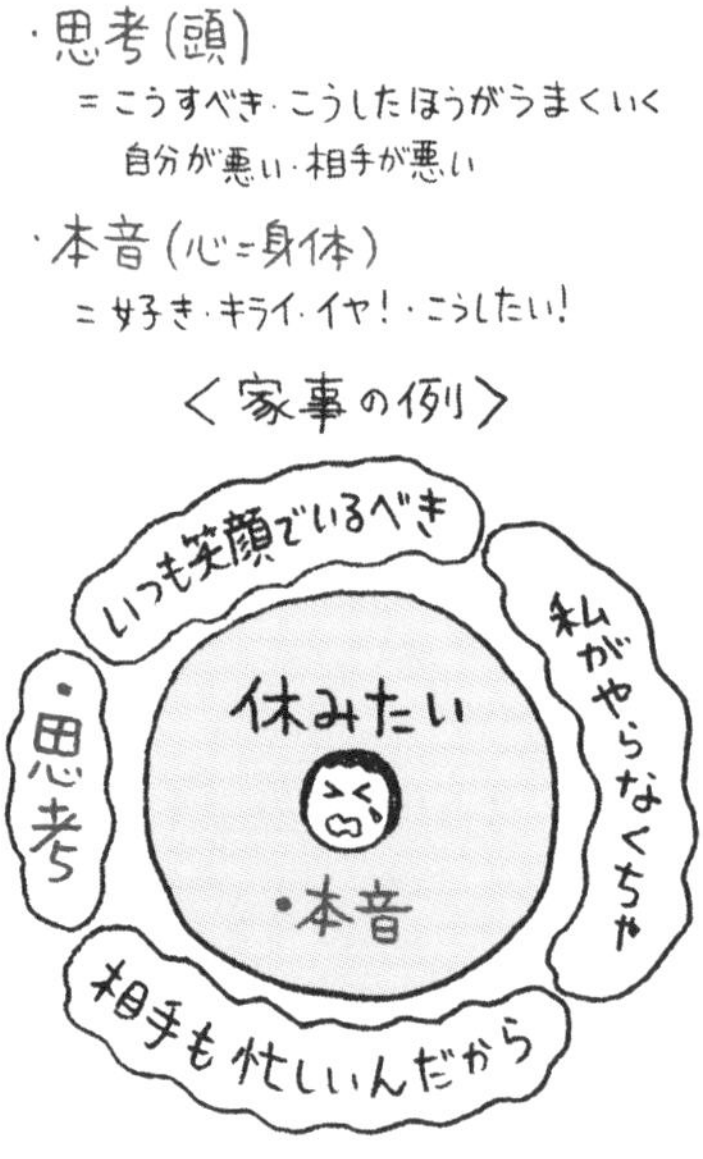

・思考(頭)
＝こうすべき・こうしたほうがうまくいく
自分が悪い・相手が悪い
・本音(心＝身体)
＝好き・キライ・イヤ!・こうしたい!
＜家事の例＞
いつも笑顔でいるべき
私がやらなくちゃ
・思考
休みたい
・本音
相手も忙しいんだから

**本音に気づいたら、まずは自分で叶えてあげましょう。**たとえ5分でもいいから休憩してあたたかいお茶を飲む、家事は放っておいてやりたいことをやる、などです。本音を叶えることで、イライラがスーッと鎮まっていきます。

そうして落ち着いた状態で、「私も今忙しくて大変だから、家事をお願いしたいんだけど、どうかな?」と頼んだり、「これは私がやるから、あれはお願いできる?」と分担を話し合ったりできるといいですね。

**イライラしたら手を止めて、自分の「~したい」を叶える。気持ちが落ち着いたら相手と話し合って分担する。**この順番を知っておくと、イライラしながら家事や仕事をすることが減って、生活が穏やかになりますよ。

POINT

イライラしたら手を止めて
自分の本音を叶えてあげよう

# 5

# 何を話したらいいのかわからなくて、雑談が苦手です

「気のきいたことを言わないと」「相手の興味のあることを話さなきゃ」なんて思えば思うほど「雑談」というもののハードルが高く感じられて……。雑談をしてもしなくても、その場を穏やかな気持ちで過ごすにはどうすればいいのでしょうか？　繊細さんの性質を考えながら方法を探ります。

## 話題は相手に任せて、聞き上手を意識

「自分から何か話題を提供しなきゃ」と無理して考えたり、あらかじめ「これを話そう」と構えようとせず、話すキッカケや話題探しは相手に任せて、聞き上手を意識して流れに乗っかるぐらいの気持ちでいるとわりとラクに話せます。（はなまるさん）

## 「雑談が苦手なのは相手も同じかも」と思ったらラクになりました

知っている人と1対1なら大丈夫なんですが、初対面の人や大人数での雑談となると「自分が相手にどう映っているか」が気になって、相手に無理に合わせて雑談してしまうこともありました。でも「相手の人も、本当は雑談が苦手なのかも」と思ったらラクになって、私自身も「苦手なものは仕方がない」と力を抜いて考えられるようになりました。（川口さん）

## 「そうなんだ～」と言いつつ距離感を保つ

私は関心がないとボーッとしてしまうのですが、ラクなのでそのままでいます。「そうなんだ～」と言いつつ、椅子の背もたれに寄りかかる=適度な距離感を保ちます。途中トイレに行ったり。また、こちらが不安に感じるほどには「私がこの会話に熱心かどうか」は、相手は気にしていないのがほとんどです。（扇風機さん）

### そのほか、こんな知恵もありました！

私は雑談が苦手です。話がまとまらずテンパってしまうからです。なので、無理に話そうとはせず、挨拶だけでもしようぐらいな感じでいます。

黄色いクジラさん

心構えとして、けっこう人は、他人の話を真剣に聞いていないから、少々おかしな話になっても気にしない！　ということを心がけています。

はるさん

相手の後ろを人が通ると目で追ってしまい、疲れるので相手に壁のほうに座ってもらうなど背景が動かないようにして雑談します。

みゆさん

# 考える深さや感じ方は人それぞれ

## 挨拶だけの間柄もOK！

雑談を苦手と感じるとき、いくつかのパターンがあるようです（無理に雑談しなくていいと思いますので、2つ目以降は「本当は雑談できたらいいのにな」というときに読んでくださいね）。

まず1つ目は**「相手のことが苦手」**。なんとなく話が合わず、相手への興味も持てない場合です。「雑談して仲良くならなきゃ」とがんばる方も多いのですが、気の合う人、合わない人がいるのは自然なこと。**「楽しくは話せなくても、挨拶できればOK」**と考えてみましょう。「挨拶だけの間柄」だと思って距離をとったほうが気がラクになり、かえって笑顔になれますよ。

2つ目は**「自分のことを話しても理解してもらえない」という気持ちがあり、無意識にガードを張っている場合**です。自分を否定されたり、理解されない環境で育つと、「相手は自分の話に興味がないだろう」と思っていることも。

そんなときは、**他愛のない話やオチのない話でも、思ったことをそのまま口にしてみることを試してみてください。**こちらが思っている以上に、「そうなんだ！」と興味深く聞いてくれることがあります。思ったことを話して受け止めてもらう経験が増えると、「雑談もいいものだな」と思えるようになりますよ。

そして3つ目は、**「もっと深い話をしたい」と思っていて、浅い話（雑談）に意味を感じられない場合です。**繊細さんは、表面的なことよりも本質的なことに目を向けて、興味のあることを深く追求する傾向にあります。**「いい天気ですね」と言葉を交わすのと変わらない感覚で、人間の生きる意味や政治情勢、仕事の改善点、哲学的な話など、マニアックな考察を話したいと思っていることがあるのです。**

興味の深さが違うと、まわりの盛り上がりについていけなかったり、同じトピックについて話しているのにお互いの言っていることがわからなかったりと、話がかみ合わない状態になります。浅い話と深い話のどちらが「いい」「悪い」というものではなく、ただ興味の深さがちがうのだ、ということです。

**もし同じ深さで話せる相手がほしいと思ったら、SNSで興味のあることを発信したり、趣味の場所に出かけたりして、興味の深さが近い仲間を探してみましょう。**深い話ができる相手が1人でもみつかると、心が満たされて、浅い雑談も案外いいものだなと楽しめることがありますよ。

最後の4つ目は**「そもそも雑談って何なのか、その正体がつかめない」というもの。**仕事の相談や報告は問題なくできるけれど、雑談となると「いったいなんの意味があるの?」と思ってしまう。目的がわからないし、何を話したらいいのかも謎で、頭の中が「?」となってしまう。——実は、私が長年、このパターンだったのです。

これは、育った環境にも関係があるのかもしれません。私の育った家庭では、親が子どもに日常的に声かけをしたり、他愛のないちょっかいを出したりするといった「目的なく戯れるコミュニケーション」がほとんどなかったのです。そのため、雑談の意味がよくわからず、どうすればいいのかも謎でした。

ですが、大人になり、たくさんの人と出会う中で、雑談するシーンが何度もありました。あるとき、「雨が上がってよかったですね」という相手の一言に思いやりを感じて、嬉しく思えたことがあったのです。

**「雑談の中にも相手のあたたかい心があるんだ」「相手がどの話題に興味があるかなんて、話してみないとわからないんだ」と知ることで、少しずつ、私も思い浮かんだことを話すようになり、それが「雑談」になっていきました。**

少しずつ雑談できるようになって思うのは、「雑談って、目的があってするものじゃなくて、子犬のじゃれ合いみたいなものなんだ」ということです。仕事で「このやろう」と思うことがあっても（笑）、雑談の中で相手との共通点がみつかって、優しい気持ちになれたこともあります。

目的がなくても、相手の話とはズレた返しになったとしても、ふと思ったことを口に出せるようになると、それが結果的に雑談になるんだと思っています。

POINT

**相手が何に興味があるかは話してみないとわからない。ふと思ったことを口に出してみて**

6

# はっきり断るのが苦手。上手に断る方法はありますか？

ちょっとした依頼からプライベートのお誘いまで「本当は断りたいけど、どうしよう？」と悩んでしまう場面は意外と多いもの。相手を気遣うあまり、無理を重ねてしんどくなってしまう状況を避けるためにも、気軽に断るコツを見てみましょう。

## 「自分を休ませる」のも大事な用事

以前は毎日予定が入っていないと落ち着かなかったんです。だから人からの誘いも断れなくて。でもやっぱり疲れてしまうから、今では「用事がある」と言って断れるようになりましたね。「自分を休ませる」というのも大事な「用事」だと思っています。（横山さん）

## 無理せず「その日はごめん」社交辞令の「また誘ってね」は封印しました

自分がHSPだとわかってからは無理をせず、何かに誘われても「行きたくなければ行かない」を実践できるようになりました。詳しい理由は言わずに「その日はごめん」という伝え方はよく使いますね。気の進まない誘いだった場合は、相手に悪いなと思いつつも「また誘ってね」とは言わないようにしています。本当にそう思っている場合は自然と口から出るものだから。（川口さん）

## 「絶対に断るぞ」と決意することが大事

親しい相手なら笑顔で「え～、イヤだ」と素直に言います。親しくない相手なら「すみません、それはちょっと……」と困った顔をすると察してもらえます。コツは心の中で「絶対に断るぞ。できないのに引き受けるとかえって迷惑になるぞ」と決意することです。相手がどうしても困っている様子なら妥協点を話し合います。（ひつじさん）

### そのほか、こんな知恵もありました！

どうしてもしんどくなり直接断れなくて、思い切って「しばらく休ませてください」と手紙を書きました。

ごんさん

自分の言葉で断ってもその後続く人と付き合おう、と考え方を変えました。実際ラクですし、相手も断ったからと言ってそんなに気にしていないのだとわかり、ホッとすることが多いです。

扇風機さん

「行きたいのだけど、ごめん最近なんだか疲れてて。回復したら連絡するね」と断りました。疲れてるのは本当だし、相手もそれ以上は踏み込んで来なかったので良かったです。

りんなさん

# 明るく断ってみると意外とOK

繊細さんは相手の状況や気持ちをよく考えながらコミュニケーションします。そのため、「断るのが苦手。相手にイヤな思いをさせずに断るには、どうしたらいいんだろう」と悩んでしまうことも。

そんな繊細さんにおすすめなのは、**軽く明るく断ること**です。ちょっとした依頼やお誘いであれば、明るい調子で、「その日はごめん！」「ちょっと難しくて」と短く言ってしまうのです。理由は言っても言わなくてもいいのですが、また同じお誘いが来ると困る場合には、「実はこういうイベントが苦手で」と伝えておくのもいいですね。

「断るのが苦手」という方にお話を聞くと、「断ったら悪く思われるかも」「相手が傷つくかもしれない」「一度でも断ったら、二度と声をかけてもらえないのでは」などの言葉が出てきます。引き受けるかどうかと相手との関係が強く結びついているのですね。

断り上手な人は、このあたりの切り分けが上手です。「引き受けるかどうか」と「人間関係」を、ある程度別物だととらえていて、「断ってもまた用事があれば声をかけてくるだろうし、いい関係は続けていけるだろう」と思っているのです。

**「引き受けるかどうか」と「人間関係」を分けると、「断る」が大変なことではなく、軽く明るいものになります。**

断るのが苦手な人は、断られるのも苦手で、断られると傷つく傾向にあります。ですが、自分でも「軽く断る」経験を重ねていくと、断るってそんなに大層なことではないんだ、自分の価値とは直結しないんだとわかってきて、断られたときにも「そっか、今回は都合が悪かったのかな」と受け止められるようになりますよ。

POINT

「断っても相手との関係は続けていける」とわかれば明るく断れる

## 7

# 気の合う人や、繊細仲間ってどうやったらみつかりますか？

繊細さんから「本音で話せる相手がほしい」「繊細仲間がほしい。仕事や学校など、ふだんの生活では繊細さんに出会えない」といった願いを聞くことがあります。気の合う人や、繊細な感覚を話せる相手をみつけるにはどうしたらいいのでしょう？　みなさんの体験から探ってみます。

## 雑談しながら探っていきます

僕は雑談などをしながら探っていく感じですね。直感で「この人は大丈夫だ」と思えるかどうかがポイント。10人と出会ったら1人はいます。そういう人の存在は心の安寧にもつながりますね。（横山さん）

## セミナーや趣味の集まりで グループワークがあると話が弾みます

勉強が好きでよくセミナーに参加しています。ダイビング、ヨガ、ハンドメイド、心理学、占い、起業など内容はいろいろですが、席が近い人に挨拶をしたり、グループワークがあったりすると話が弾み、連絡先を交換してお付き合いが続くことがあります。（ひつじさん）

## 頻繁に会いすぎない距離感が 心地よい関係に

スイミングで出会いました。一緒にレッスンを受けているときに、周囲への気遣い、コーチの言葉のとらえ方など、よく似ていると感じ、「話が合うな〜。同じような繊細さんだな」と思い、仲良くなりました。ただ、お互いに人を誘うのが苦手なので、お話するのはスイミングのときと半年に一回スイミング後にランチをするときのみです。でも、頻繁に会いすぎないその距離感こそ、心地よい関係につながっているのではないかと思っています。（Qさん）

### そのほか、こんな知恵もありました！

Twitterを利用しています。自分と同じことをしている人が検索で見つけて声をかけてくれたりします。

M.Nさん

同じ趣味嗜好の人の集まりに思い切って1回参加してみました。そこで、気の合う人かどうかを判断し、合う人とは今もつながっています。

そらやさん

資格試験の予備校でよく会う人で、直感的に「仲良くなれそう」と思った人に思い切って声をかけてみたら、とても気が合う友人になりました。

mkさん

## 趣味や勉強など、やりたいことをやると気の合う仲間に出会える

趣味や勉強など興味のある場所に出かけてみたら、「なんだかいいな」と感じる相手がいて、思い切って声をかけてみたら仲良くなれた。気の合う人をみつける方法として、アンケートからはそんな姿が浮かび上がってきました。

やりたいことをやる中で、価値観が合う人や、自分と似たところのある人に、自然と出会えるのですね。**繊細さんは直感が鋭い傾向にありますから、「この人とは仲良くなれるかも」というなんとなくの感覚も大切にしてくださいね。**

さて、**繊細仲間に出会いたいときには、HSP交流会もおすすめ**です。繊細さんは5人に1人の割合でいると言われていますが、「私のまわりには繊細さんが見当たりません」という方も多数。「繊細さん」というとおとなしいイメージを持たれがちですが、実際には、前に出てよくしゃべる人から物静かな人まで、さまざまな方がいます。職場では鎧《よろい》をかぶって繊細さを見せないようにしている場合もあるため、はたか

ら見て「繊細さん」だとわからないこともあります。

ＨＳＰ交流会には、日ごろはみつけにくい繊細さんが何人も集まっています。交流会はＨＳＰ当事者が主催していることが多く、全国各地で行われていて、オンラインで参加できるものもあります。インターネットやＳＮＳで「ＨＳＰ　交流会」「ＨＳＰ　お話会」などで検索するとみつけやすいです。主催者によって会の雰囲気や内容がちがいますから、自分に合いそうなところを探してみてくださいね。

**交流会のいいところは、まず「自分と同じような感覚の人が、本当にいたんだ」とわかる点です。交流会に参加してみて「こんなに言葉が通じるんだ」「説明なしにわかってもらえる」と初めての感覚を経験する人も。出会い方の１つの方法として、交流会への参加もぜひ選択肢に入れてみてくださいね。**

POINT

**繊細仲間に出会うには**
**ＨＳＰ交流会もおすすめ**

# 8

# どうやったら人に頼ったり、自分の弱みを見せたりできますか?

「相手に迷惑をかけてはいけない」「相手も忙しいだろうから自分のために時間をとってもらうのは申し訳ない」と思うと、誰かに相談したり、頼んだりすることに躊躇《ちゅうちょ》してしまう……。そんなとき、みなさんどうしているのでしょうか?

## 頼んでみると、快く応じてくれることがわかりました

連絡するまではすごくドキドキするのですが、一回えいや！ とお願いすると、みんな快く応じてくれることがわかりました。なので、人を頼るときには「心配しているのは自分だけ」「断られてもほかに頼れる人がいるから大丈夫」と唱えています。（あおさん）

## ストレートに「○○お願いできますか？」

最近はあまりこだわりすぎずに、ストレートに「○○お願いできますか？」と言うようにしています。以前は「ご迷惑でなければ、○○してもらいたいと考えているのですが……」とまわりくどく言いがちでした。でも最後に「無理なようでしたら、遠慮なく断ってくださいね」の一言は忘れず加えています。（Qさん）

## 弱みを見せたほうが相手にも気をつかわせない

人の時間を奪うのは迷惑になる気がして、誰にも頼ることができない時期がありました。「どうしたらいい？」とまわりに躊躇なく相談できる人がうらやましく思えたりして。でもあるとき、「弱みを見せたほうが相手にも気を遣わせないのでは」と気づきました。弱みのある人のほうが可愛いんじゃないかなと今は感じています。（高田さん）

### そのほか、こんな知恵もありました！

とにかく助けてほしいと正直に伝えると、相手にしっかり伝わって良かったなと思いました。

Tottyさん

「○○お願い？」と軽く言う。断りやすいように軽く。

Yさん

「○○さんなら、できそうだと思って。私、これ苦手なんだよね、お願いできるかな？」と自分のキャパオーバーを正直に話します。

はるさん

## 「これをお願いしてもいいですか」と軽く明るく聞いてみよう

人に頼るのって難しいですよね。日本は「人に迷惑をかけてはいけない」という風潮がありますし、頼る＝迷惑をかけること、という認識になっている方も少なくありません。そうなると頼るのに躊躇しますし、ちょっとした依頼も「大変申し訳ないのですが……」と大事《おおごと》になってしまいます。

ですが本来、「頼る」とは、もっと軽やかなものです。**頼るのが苦手な方は、軽く明るく「これをお願いしてもいいですか？」と聞いてみてください。**「軽く」がポイントです。

**繊細さんの中には相手をよく観察していて、まわりの得意・不得意を把握している人もいます。そんな方は相手の得意なことをお願いするのもおすすめですよ。**

さて、根本的には次の2つの感覚が育つと、「頼る」ことへのハードルが低くなります。

1つ目は、**「頼っても大丈夫。助けてと言ったら、誰かが助けてくれるものだ」という感覚**です。あまり助けてもらえない環境で育つと、頼ることへのハードルが高くなります。幼いころから「自分でやらなきゃ」とがんばってきた繊細さんの中には、「そもそも頼るという発想がなかった」という方も。学校でも職場でも、1人でできることはいいこととされていますから、自力でがんばってきた人ほど「まわりに頼ってもいいのだ」と気づきにくいのです。

でも、**世の中「助けてほしい」と頼めば、誰かが助けてくれるものなのです。**頼るのが苦手な方は、デパートで店員さんにお手洗いの場所を聞いてみるなど、小さなことから頼ってみてください。すると、「人って案外助けてくれるものなんだな」「頼んでも大丈夫なんだな」という感覚がつかめてきます。

もしも誰かに相談したいときは、「自分の中で整理してから」「ある程度、目処《めど》が立ってから」など、**1人でピークを乗り切ろうとしなくても大丈夫。今迷っているなら、そのまま「こういうことで迷ってます」と相手に投げかけてみましょう。**思わぬアドバイスをもらえたり、話を聞いてもらえて考えが整理されたりすることがあります。**迷いをそのまま口に出せるようになると、まわりにも人間らしい姿を見せることになり、オープンな気持ちで話せる仲間が増えていきますよ。**

2つ目の感覚は、1つ目と矛盾するようですが、**「ダメだったら相手も断ってくれるだろう」と、相手の自立性を信じること**です。

頼んだら迷惑かな、今忙しいかな……と気になるときは、**「頼むところまでが自分の領域」「引き受けるかどうかは相手の判断」と切り分けましょう。**依頼がどのくらいの負担になるのか、やるかどうかは相手自身が判断することなのです。相手の判断に委ねられるようになると、心配しすぎることなく「お願いできないか、とりあえず聞いてみよう！」と思えますよ。

**「頼っても大丈夫」と「ダメだったら断ってくれるだろう」。**この2つの感覚が育つと、「頼む」という行為が大事《おおごと》ではなくなり、軽やかなものになります。「もし断られたらほかの人に聞いてみよう」と切り替えられるようにもなりますよ。

冒頭で「頼る＝迷惑をかける」という認識になっているとお話をしましたね。実はかつての私もそうでした。ですが、いろんな人と働いてみて、頼り・頼られるって、迷惑をかける・かけられるという利害の話ではなくて、**「まわりの人と一緒に生きていく」**ということなんじゃないか、と最近では思っています。

一緒に仕事を進めていこう、生活していこうとなったとき、お互いがより良い状態で過ごすために、できないところを相手にフォローしてもらったり、こちらもフォローしたりする。それはまるでバレーボールのチームのようなイメージです。自分の守備範囲を守った上で（つまり、自分の担当分はある程度やった上で）、こぼれた球を「お願い！」となったとき、それを「迷惑」とは言わないのだと思います。

できるところはやって、できないところはフォローしてもらう。それが社会というものなのだと思います。

POINT

**引き受けるかどうかは相手の判断。心配しすぎず、相手に委ねよう**

9

# まわりの人に、自分が繊細さん（ＨＳＰ）だって伝えてる？

「自分がＨＳＰだと、まわりに伝えたほうがいいでしょうか？」とご質問をいただくことがあります。「ＨＳＰ」や「繊細さん」という言葉も知られるようになってきて、著名なタレントさんたちの中にも、自分がＨＳＰであると公表する人が出てきました。自分のことを話したいとき、どう話すと伝わりやすいのでしょうか？

## HSP診断テストをやってもらいました

私は『「繊細さん」の本』にあった診断テストの項目を、旦那や親しい友人に「いくつ当てはまる？　ちなみに私は15個！　繊細さんー(^^)別に病気とかでないし多くても少なくても気にしないでー」という感じで明るく話しました。旦那は非・繊細さんだったので、今までお互いの食いちがってた部分がそういうことだったのかとわかって良かったです。（りんなさん）

## 「私、HSPっていうものみたい」という話から始めました

家族とパートナー、友人に伝えたことがあります。いずれにも何気ない会話の中で、「HSPっていうものみたい」という話から始めました。でもその前に、ブログで「HSPです」って書いていたので、口から話すハードルが下がったような気がします。話してみてみんな「HSPって何？」という疑問があって、話すと「ふ〜ん」という反応でした（笑）。その後、「私もHSPかも！」と言ってきた友人もいました。（繊細ガールさん）

## 客観的なデータを多めに伝えました

母に伝えました。母はHSPとは真逆のタイプで、仲はいいのですが話が通じないことが多く、苦労していました。母に伝える際には「どのような動物にも刺激に敏感に反応する個体がいて、私はどうもそれのようだ」と、主観的なことは省いて、客観的なデータの部分を多めにHSPについて伝えました。それによって母もイメージがしやすくなったようで、以前よりも話がかみ合うようになりました。（ちあきさん）

**そのほか、こんな知恵もありました！**

職場の先輩に、「嬉しいときはめちゃめちゃ嬉しくて、失敗したときはめちゃめちゃヘコむ性質なんです」と伝えたら、「○○さんはそうとらえちゃうんだね、なるほどね」と言ったことに対して否定されず、理解してもらえました。

ほよよさん

書店に並ぶHSPの本の帯を見ながら「これって私だよね？　読んでみようかな」と夫に言うと、夫は「間違いない」と。そこから、日常会話に「HSPとしては……」なんてフレーズが普通に出てくるようになり、とても気がラクになりました。

Qさん

## 伝えるときは、本音を大切に信頼できる相手を選んで

ＨＳＰであることをまわりに話すかどうかは、**「本音を大切に、信頼している相手に伝えたいと思ったら、言ってみる。信頼できない人や伝えたくない相手には言わない」**という基準をおすすめしています。

このとき、**理解してくれるかどうかは相手による**、ということも知っておいてください。ＨＳＰという概念に対して否定的な方もいますし、自分のことを知ってほしいと家族に話しても「何それ、優しくしてほしいの？」など、冷たい反応を受けた方もいます。相手のことを理解しようという姿勢は、人によって大きく異なるのです。ですから、伝えるときには、パートナーや仲のいい友人など「この人になら話しても大丈夫そう」と思える相手を選んでくださいね。

伝えるときには、ただ「ＨＳＰなんだ」と伝えるよりも、**「こういう気質だから、1人の時間がたくさんほしいんだ。疲れたときは部屋にこもっちゃうけど気にしない**

**でね」など、具体的な要望を一緒に伝えると安心してもらえます。**というのも、非・繊細さんから「パートナーが繊細さんなのですが、どうしたらいいですか？」とご質問いただくことがあるのです。非・繊細さんと繊細さんの感覚はずいぶんちがいますから、大切な人が繊細さんだと知ったとき、どうしたらいいのかが本当によくわからないのです。特に要望がない場合は、「何かしてほしいっていうわけじゃなくて、ただ知っててほしかったんだ」と伝えてもいいですね。

職場で上司や同僚に伝えるときは、ただHSPだと伝えるよりも、「まわりに人がいないほうが集中できるので、会議室が空いていたらそこで作業してもいいですか」など「パフォーマンスを上げるためにこうしたい」という文脈で、具体的にどうしてほしいかを伝えると、相手にも動いてもらいやすいですよ。

POINT

**「～なのでこうしたい」と具体的に伝えると相手も動きやすい**

第 2 章

# 仕事で
# 悩んだときの
# 知恵袋

あっこれ課長に確認しなきゃ!!
課長、集中してる…
でも午後は会議があるし
すー
はー
3・2・1 よし!!
Aの件で5分ほどお時間いただけますか?
ん? いいよー

10

# 上司に話しかけるタイミングを見計らううちに、時間がたってしまう

「課長、今、機嫌悪そうだな」「今忙しそうだから迷惑かな」なんて考えているうちに、上司に話しかけるタイミングを逃してしまうこと、ありませんか？ 相手の感情や状況をよく見ているからこそ、話しかけるのに躊躇してしまう……。そんなとき、どうしたらいいのでしょう？

## 話しかけるタイミングを上司本人に確認

相談や質問があるときにどのタイミングで声をかけたらいいのか聞いてみたら、「こうしてほしい」と具体的な答えが返ってきてクリアになりました。「いろいろ話しかけるのは迷惑かな」と思ってしまうんですが、本人は迷惑に思っていないとわかって良かったです。（中井さん）

## 「10時になったら話しかける」など話しかける時間を設定

緊急でなければ、話しかける時間帯を設定します。10時になったら話しかける、もしくは、いさぎよくいったん諦めて、次は迷わずにエイヤー！ で話しかけるようにしています。はじめは少し迷惑かなと思っても、相手の気分も常に一定ではないので、あまり気にしないでとりあえず行動するように心がけています。（ayaさん）

## 「○○の件で3分ほどよろしいですか？」

「○○の件で3分ほどよろしいですか？」など、要件と時間（時間はあくまで目安です）をはじめに伝え、断られたり後回しにされたとしても、自分のせいではなく内容や時間的優先度の問題だったんだ、と思えるようにしています。実際、時間を伝えるようにしたら後回しにされることは減りました。（ういさん）

**そのほか、こんな知恵もありました！**

ドキドキしてどんどん疲れていってしまう時間なので、心の中で「よし！ 3、2、1！」とカウントしてその勢いで話しかけます。

ゆまさん

急ぎ以外はまとめてたずねるようにしています。そして上司のデスクに「手が空いたら教えてください。」と付箋を貼るようにしています。

にゃんたさん

メールやチャットツールを使います。怖い上司にもなるべくツールを使います（目の前に座っていても）。

Chiaraさん

# マイルールを作って葛藤疲れを防ごう

キーボードを叩く音から相手の機嫌の良し悪しを感じとったり、上司のスケジュールを見て「もうすぐ会議だから、今は話しかけないほうがいいかな」と考えたり。タイミングを見計らっているうちに時間が過ぎて、何もしていないのに疲れてしまう……。そんな葛藤疲れを防ぐには、次の2つが有効です。

## 1．マイルールを作る

**相手に合わせるよりも、「いかに自分のペースで動くか」を工夫してみましょう。**

「10分迷ったらとりあえず行く！」「話しかけたいときに上司が不在だったら、『後でお時間ください』とメモを置いておく」など、自分の中でルールを決めておくのです。ルールに基づいて行動すると、毎回の葛藤が減ってラクになりますよ。

もしもまわりに、上司の機嫌や都合などおかまいなしに〝突撃〟している人がいたら、同じようにやってみるのも1つの手です。「緊張したけど、意外と大丈夫だった！」という感触がつかめれば大きな収穫です。

**2. コミュニケーション方法を上司とすり合わせる**

質問がある場合にそのつど聞いてもいいのか、まとめて聞いたほうがいいのか。話しかけてほしくないタイミングはあるかなど、コミュニケーション方法を上司とすり合わせるのもおすすめです。お互いにやりやすい方法を確認することで、「今、質問したら迷惑かな」などと迷わずに済み、コミュニケーションがスムーズになります。「午後に毎日10分、話す時間をとる」などスケジュールを組んでしまって、相談や依頼があればそこで話せるように仕組み化してしまうのもおすすめですよ。

POINT

コミュニケーション方法を上司と確認しておくと安心

11

# 一度にあれもこれもと頼まれると パニックになりそうです

「あれもこれも」とやるべきことが押し寄せてきて、頭がフリーズしてしまう。急いでとりかかってみても「あの仕事はああしなきゃ」とほかの仕事がチラチラ浮かび、焦るばかりで集中できない！

繊細さんがそんな場面を乗り切るには、どんな方法があるのでしょう？

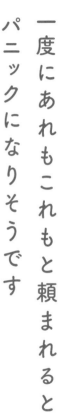

## 紙に書き出して、1つずつこなしていく

何から手をつけてよいのか、頭がパニックになって胃がきゅーっと締めつけられるようになってしまうので、まずはすべきことを箇条書きで書き出すようにしています。その上で、優先順位をつけて取り組むようにしています。100％完璧を求めず、とりあえず手をつけて7割できればよしっ、と言い聞かせています。（ほのぼのくまもんさん）

## 現状を把握して早めにスケジュール調整

タスクが増えてきたら、いったん深呼吸してから箇条書きで書き出すようにしています。すると自分がどこまでできるのかがわかるので、それをもとに「誰かに協力してもらいたい」「スケジュールを調整できないか」と相談します。ドキドキすることもありますが、無理を重ねて最後に「できません」と迷惑をかけるよりはいい、と思っています。（中井さん）

## 「ちょっと待って」と伝えることで相手も声のかけ方を変えてくれました

前の職場ではいろいろな役割を任されるポジションにいたこともあり、あれもこれも引き受けすぎてパニックになって懲りましたね。それ以来、何かを頼まれたときには「ちょっと待って」「1時間後でもいい？」といった伝え方をするようにしました。そうすると相手もまず「今ちょっといいですか？」という聞き方をしてくれるようになりましたね。（横山さん）

**そのほか、こんな知恵もありました！**

今やること以外の物を目の前からしまって（視界に入らないようにし）、「集中！」と唱えて最優先のことだけに没頭できる環境をつくります。

まーさん

少しずつ同時並行的にやるのはいつまでたっても苦手なままで、頭が回らないので効率が悪く、克服しようと思わないことにしました。

H2Oさん

大きめの付箋紙に優先順位をつけて書き出しPCに張り付けて、1つずつ業務が終わったら線で消します。まわりにも状況が伝わるのでおすすめです。

むーさん

## やることを書き出して「一番重要！」な仕事を1つ選ぶ

**繊細さんは「新しいものごと」に触れるとそれが刺激になり、神経が高ぶる傾向にあります**。ですから、次から次へとやるべき仕事が出てくると、「これはこうしたほうがいい」「あれはああして……」とさまざまなことが一気に思い浮かび、まるでソフトを立ち上げすぎたパソコンがフリーズするかのように、うまく考えられなくなってしまうのです。

そんなときは深呼吸して、タスクを書き出すことから始めましょう。紙や付箋、もしくはＴｏＤｏアプリなど、方法はなんでもかまいません。面倒でも書き出すことで、頭の中でチラチラと思い浮かぶ「あれやってこれやって……」を外に出すことができ、焦りがすーっと鎮まります。慌てていると大変に思えることでも、落ち着くと「意外とやっていけそう」となることがありますよ。

タスクを書き出す工夫として、アンケートからは、**「シャープペンの芯を補充する、**

**などすごく些細なことも書いておくと、すぐに線を引く項目があり、モチベーションが上がります。（ひげまんじゅうさん）」「自分でやりきれないのではないかという不安な思い、気持ちも一緒に書き出します。（モコたまさん）」**なども挙がりました。

タスクを書き出したら、「これが一番重要！」という仕事を1つ選んでとりかかりましょう。仕事に優先順位をつけてもいいのですが、優先順位決め自体がタスクになってしまう人は、とりあえず「一番重要なものを1つだけ」選んでみてください。最重要の仕事にとりかかれると、気持ちも落ち着いてきます。

繊細さんは、マルチタスクよりも、ひとつひとつの仕事を丁寧に行うほうが得意な傾向にあります。焦ったらまずは紙に書き出して、自分の得意な「ひとつひとつやっていく」スタイルに持ち込んでくださいね。

POINT

自分の得意な「ひとつひとつやっていく」スタイルに持ち込もう

12

# まわりのフォローばかりで自分の仕事が進まないときは

その仕事は〇〇に
気をつけてね
大変そうだし
手伝おうか

同僚の作業を見て「ここが抜けてるみたいだけど大丈夫かな」とハラハラしたり、「困ってるみたい。フォローが必要かも」と気づいたり。まわりをフォローするうちに時間がたって、「自分の仕事が全然進まなかった」となることも。こうした状況には、どう対処していけばいいのでしょうか？

## 気がついても自分は手を動かさず「どう思う?」「こうしたらどうかな」にとどめる

気がついても自分は手を動かさずに「こうしたらどうかな?」「私も自信はないんですけど……どう思います?」という〝質問投げかけ型〟の言い方をよく使います。これはプライドの高めな上司にも使えますよ。金銭的損害が出るなど明らかにNGな場合はフォローしますが、正解がいくつもあるときは何も言わないでおきます。(中井さん)

## 思い切って手放したらその人のタイミングでやってくれました

まわりのフォローをしすぎることでイライラするし、自分が追い込まれて落ち込んでいました。あるとき「サポートせず、気づかないようにして、やらなきゃいけない状況になればやってくれるんじゃないかな?」と、私にとってはすごく大きな勇気を持って、先回りのフォローをやめてみました。すると予想とは裏腹に、自分のタイミングとはちがえど、その人のタイミングでやってくれました。思い切って手放してみること! これだった気がします。(naosuさん)

## フォローしきれないものは拾いに行かない

後輩の場合は、「放っておいたほうが本人のためになる」と考えるようにしています。自分が指示すると本人の可能性を潰してしまうかも……、という意図もあります。先輩などの場合は、自分でフォローしきれないものは拾いに行かないようにしています……!(りんごさん)

**そのほか、こんな知恵もありました!**

その仕事の担当者は誰? と自問自答し、その人の仕事は任せなきゃと言い聞かせて、自分の今の仕事は何か、やることリストを思い浮かべるようにしています。

ゆっけさん

まわりを優先してフォローしたときは、手帳に「○○のフォロー」と書いて自分を後回しにしがちなのを認識し、できる限り気になっても反応しないようにしています。

ayaさん

# 「大丈夫？」にとどめることでタスクを増やさない

繊細さんは細かな情報をつなぎ合わせ、**「こうしたら、こうなる」と先のことまでシミュレーションしながら働く傾向にあります。**そのため、「このまま進めたら後でやり直すことになるのでは」「あれはこうしておいたほうがいい」など、先々の展開までよくみえるのです。リスクを考えながら仕事を進める繊細さんからすると、非・繊細さんの仕事ぶりが危なっかしく見えることも。

ただ、気づいたことすべてに対応していると、どうしてもタスクが増えてキャパオーバーしやすくなります。それに、**先回りして相手を助けることは、必ずしもいいこととは限りません。**相手には相手のやり方やタイミングがありますし、試行錯誤したり失敗したりすることも、成長する上で必要だからです。「1つも失敗せず、すべてスムーズに進むこと」を目指さなくてもいいのです。

まわりの仕事をフォローしそうになったら、ひと呼吸おいて、自分に次の2つの質問をしてみてください。

**1．これは誰がやるべき仕事だろうか？　2．私はフォローしたいのかな？**

「これは相手がやるべき仕事だよね。私が口を出すことじゃない」と思ったり、「フォローしたほうがいいかもしれないけど、そうすると私の仕事が進まない」と感じるようであれば、致命傷でない限りは放っておきましょう。

どうしても心配なときは「そういえば、この点は大丈夫？」「○○に気をつけてね」など、声だけかけておくのもいいですね。「私がやっておこうか？」ではなく、**あくまでも相手に知らせるだけにとどめるのがポイント**です。

先回りして助けなくても相手には仕事を進める力がある、放っておいても案外何とかなる、とわかると、相手を助けすぎずに自分の仕事に集中できますよ。

POINT

「私がフォローしなきゃ」を手放すと
相手がなんとかする場面が
見えてくる

13

# 職場で誰かが怒られていると、自分まで落ち込んでしまいます

まわりで誰かが注意されていたり怒られたりしていると、自分までしんどくなってしまう。聞きたくないと思っていても自然と耳に入ってくるし、自分が怒られているわけではないとわかっていても、緊張したり気分が落ち込んだり……。そんなとき、どうすればラクになるのでしょうか？

## 体の感覚に意識を向けると冷静になれる

ゆっくり呼吸したり、肩の力を意識的に抜いたり、体の感覚に意識を向けると、必要以上にこわばっていることを自覚し、少し冷静になれます。冷静になれれば、自分の問題と切り離してみる視点を思い出せるので、抱え込みすぎていた気持ちがラクになりました。(niniさん)

## 怒られた人に「大丈夫?」と声をかけて自分も気持ちを立て直す

誰かが怒られていると、その場の空気に飲まれて自分まで怒られている気分になります。怒られる側の人に感情移入して「大丈夫かな」と心配になってしまうんです。怒られた人が落ち込んでいるときは、「大丈夫?」と声をかけながら自分も一緒に気持ちを立て直しました。それでもしんどいときは、穏やかな性格の人のところに行って少しでも話すと、自分も穏やかになれました。(中井さん)

## 本人はそんなにダメージを受けていないと気づき「彼女なら大丈夫」と思えるように

私の職場では、どうも私よりも精神面がしっかりしている方が多いようです。もちろん怒られたら幸せな気分になる人はいませんが、お客様からのクレームで怒られても私が思ってしまうほど本人がショックやダメージを受けているわけではないと気づけてから、「彼女なら大丈夫」と思えるようになりました。もちろん、ねぎらいの言葉はかけます。(ちかさん)

**そのほか、こんな知恵もありました!**

席を外すことができるならその場を離れてトイレなどに避難します。聞かなければ心は穏やかでいられます。

タケさん

イヤな思いをしている人はほかにもいると思うので、そのうち話題になったときに自分もイヤだったことを話すとラクになります。

CTさん

## 怒られたときの感じ方は人によってずいぶんちがう

繊細さんは、非・繊細さんよりもミラーニューロン（共感を生む働きをする神経細胞）の働きが活発だと言われています。そのため、怒られている人を目にすると、自分も一緒に落ち込んでしまうことがあるのです。

**誰かが怒られているのを見て緊張したり、イヤだなと思ったら、お手洗いに立つなどその場から離れましょう。**「自分が怒られているわけではないのだから」と自分の気持ちを否定するよりも、**「あぁ、怖かった」と自分の気持ちをそのまま受け止めるほうが、動揺が鎮まりやすいです。**

また、**自分の感覚を相手にあてはめすぎないことも大切**です。「誰かが怒られたり注意されたりしていると、自分までつらくなる」という繊細さんにお話を聞くと、「私だったら、あんなふうに注意されたらすごくつらい」という言葉が出てきます。

相手の気持ちに配慮するのは繊細さんの長所ですが、**「自分だったらこう感じるから、**

**相手もそうだろう」と自分を基準にしてしまうと、現実とのズレが生じます。**

というのも、ものごとをどのくらい受け止めるのかは人によってさまざまなのです。相手から「10」言われて「1」受け止める人もいれば、「１００」感じる人もいます。繊細さんは「１００」側です。

まずは先入観なしに、怒られた人のその後の様子を観察してみてください。すると、こちらが思うよりも言われたことを気にしていなかったり、ケロッとしていることがあります。もし落ち込んでいるようだったら「大丈夫？」と声をかけたり、アメなどお菓子をあげてみたりして、気にかけていることを伝えられるといいですね。

なお、**怒号や罵声《ばせい》が飛び交う職場やパワハラがあるなどの場合は、つらく感じるのが自然なことです。**安全を確保できない場所からは一刻も早く逃げてくださいね。

POINT

**「イヤだな」の気持ちを否定せず**
**その場から離れよう**

# 14

# 上司や同僚が不機嫌で気を遣ってしまうときは

上司の不機嫌なオーラを感じて、何だかこちらまで心臓がドキドキ。相談したい案件もあるんだけど、今は話しかけるのも気が引けて……。職場で相手のネガティブな感情に振り回されないようにするには、どうしたらいいのでしょうか？

## その場からいったん離れるようにしています

離れられるならその場からいったん離れるようにしています。離れられない場合は、自分の世界に入るために穏やかな音楽を聴いたり、深呼吸やストレッチをしたり、アロマを嗅ぎます。アロマは手首につけられるものをいつも持っています。（にゃんたさん）

## 接触を減らしてチャットで連絡

無理に相手の機嫌をとりにいくと不発に終わるので、そういうときはなるべく接触をしないようにしています。上司に用件があっても、明日でも問題なければ「今日はやめとこう」と。対面だと怖いときはチャットでの連絡もよくしていましたね。それでも上司との関係がつらいときがあり、その人のさらに上の上司や労務担当の人に相談しました。望めば異動もできると言ってもらえたので、同じように悩む人は相談してみるのもいいかもしれません。（中井さん）

## 自分らしくいられる職場や働き方を模索してフリーランスに

私にとって職場の人間関係は長年の課題で、現在はフリーランスになりました。毎週一度会う方が気分屋で、気を遣って疲れてしまうこともありますが、週に一度だと思えば乗り切れているため、相手への対処法を身につける以外にも、自分らしくいられる職場や働き方を模索してみるのもいいんじゃないかと思います。（niniさん）

### そのほか、こんな知恵もありました！

トイレなどの１人になれるところへ行き、瞑想などのワークをします。落ち着いたら戻って、自分のまわりにバリアがあるのをイメージしつつ仕事をします。

マグさん

「この人は、いつも機嫌が悪い、私のせいではない、私のタイミングで話して良いのだ」とおまじないを数回唱えた後話しかけていました。

あっかさん

どうしても気になるときは、あえてその人に用事をつくって話をすると、たいてい自分のことではないのでホッとして仕事に戻っていました。

ひげまんじゅうさん

# 相手の機嫌をなんとかしようとせず自分のケアをしよう

書類の置き方やキーボードを叩く音、ドアの開け閉めの勢いなど、相手のちょっとした仕草から、繊細さんは相手の機嫌の良し悪しを察知します。

機嫌の悪い人に明るく声をかけたり、お茶をいれてあげたりするという方もいるのですが、相手の機嫌をフォローするのはあまりおすすめできません。こうした対応を繰り返すと、相手から「オレの機嫌をお前が直してくれよ」とばかりに依存され、ますます態度がひどくなることがあるからです。

上司や同僚の不機嫌さをしんどく感じたら、**「相手の機嫌は相手の問題。自分のせいではない」と切り分けましょう。**そして、お手洗いに行く、飲み物を買って休憩する、会議室が空いていればそこで作業するなど、**物理的に距離を置くのがおすすめ**です。用事をつくってほかの人のところへ行ったり、「何があったんでしょうね」と信頼できる同僚と話したりと、穏やかな人と接すると緊張もほぐれやすくなります。

カウンセリングで「相手が少しでも不機嫌そうだと自分のせいなのではと不安になる」「自分がなんとかしなきゃという気持ちになる」という相談者さんにお話を伺うと、「親が不機嫌な人で、家の中でも気を遣っていた／笑顔になってもらおうとお手伝いをがんばっていた／愚痴を聞いてあげていた」などのエピソードが出てくることがあります。相手の機嫌を自分がフォローしてきた歴史があるのですね。

そんな方は、**まずは「自分と相手の感情を切り離していい」と知ってください。**その人の感情は、その人自身が責任を持つべきであり、まわりの人に背負わせてはいけないものです。自分と相手は別の人間ですから、相手がどんなにイライラしていようと、自分はご機嫌でいてOK。相手の機嫌は相手自身にしか立て直せませんから、不機嫌さに気づいてもフォローはせず、放っておいてくださいね。

POINT

**自分と相手の感情を切り離す。相手の機嫌は、相手にしか直せない**

15

# 席が近く、見られているようで落ち着きません

オフィスで席の間隔が狭かったり、人が後ろを通ったりすると、なんだか見られているような気がして集中しづらい。間仕切りのないオープンスペース型オフィスも増えていますが「隠れる場所がないのは仕事しづらい」との声も聞こえてきます。まわりを気にせず仕事に集中するには、どんな方法があるのでしょうか？

## 席を端に変えてもらいました

配属先のオフィスで席が真ん中になりました。新人だったのでコミュニケーションがとれるようにと真ん中の席にしたそうですが、前後左右を人に囲まれて緊張するので、お願いして端の席に変えてもらいました。それ以来、席はずっとオフィスの端にしてもらえています。もし席を変えてもらえなかったら、パソコン画面にのぞき見防止シートを貼ろうかと思っていました。画面が相手から見えないだけでも安心感が増して仕事しやすくなります。(中井さん)

## まわりは、そんなに自分のことを見ていない

席が近いときは、相手が自分のことを見ているのか少しちらっと見て確認してみると、全然見てないし、仕事に集中している感じだったので、単なる自意識過剰なんだなと気づくことや、パソコンのデスクトップの壁紙をお気に入りの写真に設定したり、可愛い付箋などお気に入りの物を手元に置いて気分を上げて、なるべくそちらに気が向くようにしています。(ayaさん)

## 緊張する仕事は苦手な人がいないときに

私は電話をかけるときに、人に見られているように感じるのが本当に苦手で、そのせいでいつも緊張してうまく電話で話せないです。なので長い間、電話が苦手だと思い込んでいました。あるとき、怒りっぽい上司が席を外したときや、外出しているときに電話をかけたらすごくうまくいったので、苦手な人がいないときに作業するというのはいいかもしれません。(yumeさん)

### そのほか、こんな知恵もありました!

会議室の予約をして、部屋をこもる時間を予定に入れます。その際は、まわりにも「今日は○時までこもります」と伝えます。逆にまわりの人もこもっても良いようにしています。

シェルさん

席と席の間にファイル立てを持ってきたり、小さな植物を置いたりして、さりげなくブロックをつくります。

まーちゃんさん

自分の好きなもののフィギュアや写真、文房具で席を囲み、自分の好きなものエリアをつくるようにしています。

モコたまさん

## ファイル立てやカレンダーで自分のテリトリーをつくる

アーロン博士のHSPセルフテストにも「仕事をするとき、競争させられたり、観察されていると、緊張し、いつもの実力を発揮できなくなる」という項目があります。繊細さんにとって、**まわりから観察されていると感じられる状況は落ち着かないものなのです。**安心して働けるように、できる範囲で環境を整えてみましょう。

### 1. 自分のテリトリーをつくる

アンケートでは、「机にファイルボックスを置いて壁をつくる」「トレイを積む」「デスクトップパソコンのディスプレイの高さを上げる」など、仕事用品で壁をつくるという回答が多数ありました。そのほか、お気に入りのキャラクターのカレンダーや小さな観葉植物を置くなど、ほっとするアイテムを机に置いて自席を心地良い場所にするのもいいですね。

### 2. 必要最低限のものだけ視界に入るようにする

眼鏡の方は、度数を下げて必要最低限のものだけが見えるようにしましょう。伊達眼鏡をかけて視野を限定するのもおすすめです。

### 3．上司や先輩に相談してみる

業務内容の相談はしていても、職場環境の相談はしたことがない方も多いのではないでしょうか。集中したいときには空いている会議室を使いたい、ノイズキャンセリングイヤホンを使いたいなど、職場の人に相談してみてください。「席を端にしてもらえた」「耳栓を使っていいことになった」など、相談したら対応してもらえることがあります。

「いろいろ試したけど、やっぱりオフィスで働くのはしんどい」という方は、職場環境重視で、テレワーク可能な会社に転職することなども視野に入れてみてくださいね。

POINT

**働く環境もまわりに相談。つらいときは転職も視野に入れて**

16

# 相手のミスを指摘したいけど、気を悪くされるんじゃないかと心配です

ほかの人が気づかない小さなことにもよく気づく繊細さんは、職場でまわりのミスにぱっと気づくことも。でも、ミスを指摘するとなると、相手が気を悪くするんじゃないか、傷つくんじゃないか、と心配する声も聞こえてきます。相手にうまく伝えるにはどうしたらいいのでしょう?

## ルールを確認するイメージで伝えています

私はまず「それは本当に〝ミス〟なのか？」と疑うところから始めるようにしています。相手がただ「決められているルールを知らないだけだった」ということもよくあるからです。「ミスを指摘する」となると上から目線になりますが、「こういうルールになってるの知ってる？」と確認するイメージだと言いやすいです。簡単なことなら私が修正して「直しておいたよ」と伝えるだけでも解決しますね。（高田さん）

## 指摘しても、特に何も起こりませんでした

心配して言えずに我慢していましたが、言わざるを得ない状況になり、言うことに。結果、特に何も起こりませんでした。仕事だから良くなるための指摘でいちいち気を悪くしないんだなと思いました。私ならすごく落ち込んじゃうんだけどな……。（繊細ガールさん）

## シンプルに「〇〇が抜けていたみたいだからこの作業しておいてね」と伝えます

次もそのミスが繰り返されるとマズいので、伝えることで仕事全体がスムーズに進むこと、また相手もミスしたくてしてるわけじゃないし、わざとではないことを念頭に置いて、サラッと「〇〇が抜けていたみたいだから、この作業しておいてね」と軽く、事実のみと、改善してほしいことをシンプルに伝えています。（ayaさん）

**そのほか、こんな知恵もありました！**

笑顔で面白がっている感じで伝える。「ここ違ってますよ〜、ちょっと仕事忙しすぎるんじゃないの〜、大丈夫〜？」のように。

Chiaraさん

「私もよくあるんですけど」や、「みんなやりがちなんですが」など、枕言葉をつけてやんわり言ってます。

むーさん

「これ、こうしておいてもらえると助かります」「ここって……こうじゃないですかね……？？」とものすごい丸腰で伝えたりします。

まりりんさん

## 事実ベースで穏やかに伝えよう

繊細さんは小さなこともよく観察していますし、以前似た仕事をしたときの経験もこまやかに蓄積しています。そのため、「これ、この前メールで伝えたはずなのに」「ここも抜けてるんじゃないかな」など、相手のミスによく気づきます。直してもらったほうがいいと思っても、「気を悪くするんじゃないか」「直してもらうのも手間だろうし、悪いな……」などと考えると、どう伝えたらいいのか悩みますよね。

**伝え方の基本は「事実ベースで穏やかに伝えること」**です。「ここはこうなので、こうしていただけると助かります」と穏やかに伝える、ということですね。

ミスは、相手がルールやこちらの意図を知らなかったために起こることが多々あります。「お互いの認識が違った」「ただ知らなかった」という行きちがいですね。ですから、伝えるときに過度に恐縮したり、感情的になったりしなくてもいいのだと思います。

たとえば、職場でルールを伝えるとき、怒鳴ったり恐縮しすぎたりせず、事実として穏やかに「シュレッダーにかける書類は、この箱に入れてね」などと伝えますよね。指摘もそれと同じで、「ここはこうなので、こうしてくださいね」と穏やかに伝えることができるのです。事実として穏やかに伝える、というスタンスを身につけると、相手の反応を心配しすぎずに伝えられるようになりますよ。

もし「このくらいのことに、なんで気づかないの？」と腹立たしく思ったら、相手に伝える前に「一緒にいいものをつくるんだ」というスタンスに立ち返りましょう。

**相手のミスが多いと感じても、自分だってどこかしらミスをしているものですし、知らないうちにフォローしてもらっていることもあります。**「お互いさま」の気持ちがあれば、伝え方も自然と丸くなりますよ。

POINT

知らないところで
自分もフォローしてもらっている

17

# いろいろと厄介ごとを引き受けていたら、「やってくれる人」という扱いに……

「これもお願い！」と次々にやってくる仕事。苦手な仕事もイヤな顔をせずに引き受けていたら、いつのまにか「やってくれるのが当たり前」という空気になっていた……。そんな状況から、どうやって抜け出せばいいのでしょう？ 繊細さんの体験談を交えてお伝えします。

## 意を決してはっきりと協力を頼みました

何年もその状態で苦しみました。小さな工夫や小細工などをしてみましたが、ダメだったので、意を決して自分の大変な状況を話し、「責めない」姿勢に徹して、「ご協力をお願いできるとありがたいです」と、はっきり口に出して頼みました。勇気がいりましたが、長年苦しんでいたので、やるしかないと思いきりました。やった後は、案外、すんなり協力体制ができて、もっと早く言えばよかったと思いました。（まーさん）

## 「この職場からは離れなきゃダメだ」と思いきって転職

「あなたならやれるでしょ？」といろんな人からお願いされ、キャパオーバーになって体を壊しました。その職場では「なんでもやってくれる人」扱いになっていたから、「この職場からは離れなきゃだめだ」と、転職したんです。今の会社では、何かを頼まれたらこちらからも頼んだり。上司にも「仕事がこんなにあって体調崩しそう」とか、正直に言っちゃいます（笑）。おかげで以前よりぐっと働きやすくなりました。（高田さん）

## 仕事を見える化して上司に相談。メンバーを増やしてくれました

直接頼んでくる人に対しては、手や言葉が震えてもいいから、とにかく1回断ります。チームが関係しているときは、上司に今の仕事を一覧にして見える化して、「いまここが負担です」と伝え、今度は上司の反応を待ちます。これでほかのメンバーを増やしてくれました。（シェルさん）

### そのほか、こんな知恵もありました！

厄介ごとを頼んでくる相手に「ごめん！ 今はできないよ」と謝りながら断りました。

しみずさん

一緒にやってもらえそうな人にやり方を教えて「来月、この仕事頼んでもいい？　今月は僕がやるから」とギブアンドテイクを設けています。

マッキーさん

脱出できませんでした。でも、いろいろなことをこなすうちにある程度のポジションになっていました。

ひげまんじゅうさん

# なんでも笑顔で引き受けるのは危険
# 自分の状況を知らせよう

繊細さんは相手の状況にもよく配慮するため、「自分がやらなかったら相手が困るだろう」となりやすい。職場にとっては「真面目でよく働いてくれる人」なので、仕事が集まりやすいのです。依頼で心身がヘトヘトになる前に、対策が必要です。

依頼側がこちらの状況を知らないこともありますから、「今、〇〇で手一杯なんです」など、まずは自分の状況を伝えてみましょう。そして、**なんでも笑顔で引き受けるのは危険だと知っておいてください。「この人は断らない人だ」と思われると、「ほかにできる人がいないから」と苦手な仕事を押しつけられたり、「これもお願いね」と次々に仕事がきてしまいます。**また、すんなり引き受けてしまうと「そんなに大変じゃないんだな」と思われてこちらの負荷が伝わらず、相手があまり感謝してくれない、といったことも起こります。

これらを防ぐおすすめの方法は、**ギブアンドテイクに持ち込む**こと。「タダでは引き受けませんよ」「それは負荷のかかる仕事なんですよ」とはっきり示すのです。

**・「わかりました。代わりに今度〇〇をお願いしてもいいですか？」、（頼みたいことがない場合には）「今度、何かで困ったときは助けてくださいね」と笑顔で言う。**

**・軽口を叩ける相手なら「しょうがないなぁ。がんばるからアメちょうだい〜」とお菓子をもらったり、「今度おごってくださいね」と言ったりする。**

**・無理な依頼をどうしてもと頼まれたときは、「私もできるだけやりますから、もしピンチになったら助けてくださいね」と伝えて丸投げさせない。（高田さん）**

などがあります。ギブアンドテイクにすることで、引き受けるときに相手とのコミュニケーションが発生します。「がんばってあなたを助けるよ」というニュアンスも伝わって、すんなり引き受けていたときよりもかえって仲良くなれますよ。

POINT

**ギブアンドテイクに持ち込んで自分も助けてもらおう**

18

# 人に指示するのが苦手です

「相手に仕事の指示を出さなきゃいけないんだけど、プレッシャーです」という繊細さんも多いよう。特に、相手が自分より年上だったり、経験豊富なベテランとなると緊張してしまいますよね。でも、ほんの少し考え方を変えてみるだけでぐっとお願いしやすくなったりするものです。みんなのエピソードを聞いてみましょう。

## 「指示」と上下で考えず「それぞれの役割を明確にするだけ」の感覚で

「指示する」ではなく「それぞれの役割を明確にする」という感覚でやっています。また「私は◯◯をやるので、あなたは△△をお願いします」と早めに伝え、自分でやってしまわないようにブレーキをかけるようにしています。（高田さん）

## 説明とフォローがある人からの指示は気持ち良く仕事ができました

指示される側として、「この仕事をする理由」「この仕事を私がやる理由」とともに、「どう？」と私にも意見を聞いてくれるところ、「困ったことがあったらいつでも言ってね」とフォローがある人からの指示はとても気持ち良く仕事ができました。（繊細ガールさん）

## 「一緒にがんばってもらう仲間」に活躍の場を提供するイメージで伝えます

ポジションや肩書きが違うだけなので、自分のほうが優れているとか、上に立つリーダーだとか思いすぎないほうがいいと思っています。気持ちよく仕事してもらいたいので、「◯◯さんはこういうことが得意だと思うからこれをお願いできますか」と、こちらが活躍の場を提供するようなイメージで伝えています。（中井さん）

**そのほか、こんな知恵もありました！**

「今（仕事）どんな感じ？」「◯◯してもらってもいい？」などまずは相手の状況を聞いてから、期限をつけてお願いします。

yoshiさん

「できそう？」と付け加えていました。

りんごさん

はじめに「相談があるのだけれど」と切り出し、指示したいことを伝えると、困っているんだと理解してもらえて仕事がはかどった。特に後輩には効果がありました。

あっかさん

# 気負いすぎず「役割分担する」気持ちで。相手の「得意」を聞いてみよう

「本当は専門職でいたかったけど、年次が上がってチームのまとめ役になった。指示するのが苦手で毎回すごく気を遣う」「新入社員だけど、社員だから現場をまとめる立場にいて、年上のベテランパートさんに指示を出さなきゃいけない。プレッシャーで悩んでいます」など、ご相談いただくことがあります。

繊細さんたちにヒアリングしてわかったのは、**指示が苦手な方は相手との関係を上下関係でとらえる傾向にあり、指示が得意な方は、相手との関係をチームでとらえる傾向にある**、ということです。

相手との関係を上下でとらえると、指示がまるで命令のように思えて「自分が言っていいのだろうか」と気が引けますし、「相手より優れていなければ指示できない」という考えにもなりやすいです。

一方、**チームというとらえ方だと、指示は「命令」ではなく「役割分担のツール」**

になります。「私はこれを担当しますから、あなたはこれを担当してもらえますか」ということです。役割分担だから、自分も苦手な部分があっていい。役割上、指示を出すとはいえ、お互いにフォローし合う関係である。――そう考えると、少し気がラクになるのではないでしょうか。

さて、繊細さんの中には、まわりの人をよく観察していて、それぞれの得意分野を見出す力に長けている方もいます。「Aさんはいつも細かい事務作業を正確にやってくれている」「Bさんはアイデア出しが得意だから、企画立案をお願いしてみようかな」といったように、**それぞれの適材適所を見抜いて仕事をお願いできるのは、繊細さを活かした指示の仕方**といえます。

「相手のことがまだよくわからない」と感じる場合は、相手に得意・不得意を直接聞いてみるのもおすすめです。私は、新しい編集者さんと本をつくるときには、二、三度会って顔なじみになったタイミングで、「あのー、これはみなさんに聞いてるんですけど、○○さんは好きな業務ってありますか？　お互いの得意・不得意を知っておくと仕事しやすいなぁと思うんです」と話すことにしています。

私は日程調整や構成（順番）が苦手なのですが、相手からそれが好きという話が出たら「私、それ苦手なんです！　調整があるときはお願いしたいです」と言うことも。自分の苦手を話せるとほっとしますし、相手の苦手を聞いておくと頼みやすいです。また、相手の苦手を知ることで、ミスや抜けモレを見つけたときにも「これ苦手って言ってたもんな。しょうがないか」と思えたりします。**相手の得意・不得意を知ると、「もっとこうしてよ！」というすれちがいが減って働きやすい**のです。

ちなみに「得意な業務を教えてください」とたずねると、相手は「これを得意といっていいのだろうか」と考えて答えにくいものなので、**「好きな業務ってありますか？」と聞くほうが答えてもらいやすい**ですよ。

たいていの場合、好きな仕事は得意な仕事でもあります。自分をよく理解してもらった上で仕事をお願いされるのは嬉しいものですから、お互いに得意・不得意を補い合う気持ちで話してみてくださいね。

余談になりますが、みなさんのアンケートを見て、会社員時代にお世話になった上司のことを思い出しました。チームメンバーから大変慕われていた上司なのですが、思い返せば、彼は、みなさんおすすめの方法を合わせ技でやってたぞ！　と。

当時、私は商品開発の仕事をしていて、よく実験室で作業していたのですが、上司はふら〜っと実験室にやってきては隣に座り、「今どんな感じ？」とまずは話を聞いてくれました。ふんふんと状況を聞き、困っている箇所にアドバイスをくれる。

そして依頼があるときには、「相談があるんやけど」と切り出し、内容や依頼の背景を説明したあと、最後に「どう、できそう？」とたずねてくれていた……。

そうやって話せる時間が、あたたかくてとても好きでした。**指示とは一方的に通せるものではなくて、日ごろからメンバーの話をよく聞いたり、困ったときに助けてくれたりと、そういったコミュニケーションの中にあるものなの**だと思います。

POINT

**日ごろのコミュニケーションを大切にした先に、指示がある**

19

# 上手に仕事を断るにはどうしたらいい？

断るのが苦手という繊細さんは数多くいます。中には「まわりの同僚は『できません！』ってハッキリ言っているけど、私はとてもあんなふうには断れない」といった声も。どうしたら上手に断れるのか、これは繊細さんが特に心を砕くことと言ってもいいかもしれません。

## 「今やってる仕事が終わってからならできますけど、それでもいいですか？」

以前は、そもそも「断る」という選択肢が自分の中にありませんでしたね。でも、何でも引き受けるとキャパオーバーしてしまうとわかってからは、「今やってる仕事が終わってからならできますけど、それでもいいですか？」といった感じで断れるようになりました。（川口さん）

## 仕事の依頼は上司を通してもらう

「課長がいいって言ったらやりますよ」など上司を盾にしたりします。私が引き受けたらそれが「課の仕事」になって、私が異動したあとにほかのメンバーがやらなきゃいけなくなる。仕事を引き受けるかどうかは、自分の問題ではなくて課の問題だと思っています。自分のために断るのは難しくても、メンバーのためなら断れます。（高田さん）

## 「すぐに着手することが難しい」と伝えて、納期を調整

「今この業務で時間がかかっており、すぐに着手することが難しいです。10日からであればお受けすることができるかもしれませんがいかがでしょうか？」と相談してみます。それで「いいや、誰々君に頼むから」と言われたり、「いいよ、今の業務が終わってからでもいいから」と言われるのを期待して相談します。（マッキーさん）

**そのほか、こんな知恵もありました！**

「お客様を怒らせちゃうから今すぐにはできない」「××部長に緊急案件を頼まれて……」と、頼んできた相手の上の人を出してみる。

yoshiさん

「今、これを優先にしなければいけないけど、急ぎですか？」とたずねてみた。わりと回避できた。

まさん

スキル的に難しい場合は、「私では力不足だと思うのですが」と正直に言います。

りんごさん

## 「今は手一杯なので、難しいです」など自分の都合を伝えてみよう

58ページでもお伝えしましたが、「頼まれたことを断る」というのは、実はそんなに重たいことではありません。相手をどう思っているかや、相手の価値とは関係なく、ただ「都合が悪いので、今回は引き受けられない」ということです。**「断ったらそれで一巻の終わり」などと思わず、「必要があればまた声をかけてくれるだろう」と思って、自分の都合を伝えてみましょう。**「それはできません」とは言いにくいかもしれませんが、タイミングを限定して「**今ちょっと手一杯なので、難しいです／厳しいです**」という言い方なら、やんわりと伝えることができます。

また、引き受けるか断るかの二択以外に**「交渉する」という選択肢もあります。**交渉といっても難しく考えなくて大丈夫。

**「今○○をしているので、それが終わってからでも大丈夫ですか？」**

**「締切りが来週末でも良ければできそうですが、いかがでしょうか」**

**「この部分はやるので、あとの部分はお願いできますか」**（シェルさん）
**「スピード重視でやるので、6割の出来でもいいですか」**（高田さん）

など、「無理のない納期や方法」＋「それでいかがでしょうか」とたずねてみると、それが交渉になります。

「頼まれると、相手の空気にのまれてつい『はい』と言ってしまう」という方は、その場では引き受けないようにしましょう。その場ではできそうだと思っても、「ちょっと考えさせてください」「お返事はスケジュールを確認してからでいいですか」と持ち帰り、相手がいない場所で落ち着いて考えてから返事をしてくださいね。

「断っても相手との関係は続けていけるんだな」「交渉できるものなんだな」とわかると、自分のペースを守れるようになり、ぐっと働きやすくなりますよ。

POINT

**「無理のない納期や方法」＋「それでいかがでしょうか」で交渉**

20

# 職場の飲み会を断りたいとき、みんな何て言ってるの？

「親しい人たちと少人数ならいいんだけど、大勢での飲み会となると、どっと疲れてしまう」「本当は行きたくないんだけど、なかなか言い出せない」という声が聞こえてきます。職場の歓送迎会や自分が幹事の場合など、欠席しづらいときもありますよね。職場の飲み会を、みなさんどう乗り切っているのでしょう？

## 「今日はちょっと帰りますね」と明るく伝える

「大人数より2、3人で過ごすほうが好きなんですよね」とふだんから伝えていて、飲み会のお誘いを断るときには「今日はちょっと帰りますね」と明るい感じで答えるようにしています。飲み会は断るけれど、相手に対して心を閉じているわけではないと知ってほしくて。参加するときは、無理に盛り上げたりするようなキャラに合わないことはできないので、聞き役にまわって過ごしています。（中井さん）

## 理由は言わずにニコニコと断ります

「すみません、予定があるんです〜〜〜（ニコニコ）」
「ちょっと来月の予定が読めなくて〜〜〜（ニコニコ）」
下手に理由を言うと疲れるので、理由は言わないようにしています。（りんごさん）

## 幹事になって過ごしやすいお店をチョイス

5人を越えるような大人数の場は苦手なので、転職した会社では最初に「飲み会はキライです」と伝えました。言ってみると「へー、苦手なんだ」で済んだし、「私も」と賛同してくれる人がけっこういました。自分の課の飲み会などどうしても参加せざるを得ないときは、幹事を買って出ます。混んでいないところ、うるさくないところなど、自分の好きな雰囲気のお店が選べるので、比較的快適に過ごせますよ。（高田さん）

**そのほか、こんな知恵もありました！**

用事などがあるときはそのまま伝えて断ります。そうでないときは後でモヤモヤすることが気になるので、一次会だけと決めて参加します。または、3回に1回だけ参加すると決めておくと突然の誘いも断りやすいです。

まろんさん

「体調が悪くて、翌日の業務に支障が出るといけないので、今回は辞退をさせてもらってもいいですか？」とか「今月、金銭的に余裕がないので、辞退させてください。次回は参加させていただきます」とやんわり断っています。

マッキーさん

## 「その日はちょっと行けなくて」と明るく断ると、意外とＯＫ

大勢の場が苦手と感じる繊細さんは少なくありません。飲み会となると、会場のざわざわした音や、同じテーブルの人の取り皿が空いたこと、誰が無理をして笑っているかなど、ふだんとは違う情報が一気に押し寄せてきますから、刺激を受け取りすぎて疲れてしまうのです。

**飲み会を断りたいときには、まず「明るく断ること」を意識してみましょう。**「その日はちょっと行けなくて。ごめんなさい！」などです。

「断ったら『この人は私たちと仲良くなりたくないんだな』と職場の人に思われるのでは？」と心配する方もいるのですが、そんなときこそ明るく断るのがポイントです。「大勢の飲み会って、どうも苦手なんですよね」「お酒を飲むと次の日がほんとダメなの。行くと飲みたくなっちゃうし」など、職場の人がキライなわけではなくて、ただ飲み会が苦手なのだ、とあわせて伝えられるといいですね。

**行くのはお世話になった人の送別会だけにする、誘われても3回に1回だけ参加するなどマイルールを決めておくのもおすすめです。**

どうしても参加しなければいけないときは、「のんびり座っておく」という過ごし方を試してみてください。「楽しそうな様子を見せなきゃと、ふだんよりテンションを上げて、大きめにリアクションする」「テーブルの端の人が料理が取れるかにも気を配る」など気を張って過ごすと、やはり疲れやすくなります。

端っこの席や安心できる人のそばの席を確保したら、あとはのんびり座っておきましょう。「そうなんですね～」と相手の話を聞いたり、興味のある話題が出たら質問したり。話題に困ったら「最近どんな仕事してるんですか？」とたずねるのもいいですね。そのくらいの緩やかさでいると、過ごしやすいですよ。

POINT

**参加するときは、聞き役になって**
**のんびり座っておくと過ごしやすい**

# 21

# 職場でずっと気を張っていて、毎日ぐったりするときは

職場では「これが終わったら次！」と常に気を張っていて、家に帰ったらぐったり。中には「定時で帰れる仕事なのにヘトヘトです」という方もいます。忙しい状況でも緊張を緩め、気分転換しながら働くコツを実践してみましょう。

## 「今日は閉店です」と宣言して張り詰めた気持ちをオフにする

定時をまわって疲れてきたら「今日はもう無理!」「今日は閉店です!」とまわりに宣言して、5〜20分ぐらい机の上を片づけたり、お菓子を並べて食べたりします。頭を使わない作業をすると落ち着いて緊張がとれます。休憩できない職場ではないのですが、定時までは気を張っているので、宣言することで自分に休む許可を出す感じです。(高田さん)

## 用がなくても散歩がてら外に出て少し歩く

郵便局やコンビニなど、用がなくても散歩がてらに外に出て少し歩くだけでもホッとします。物理的に会社と距離をとれるし、景色や人も変わるのでいい気分転換になります。(ayaさん)

## 飲み物をいろいろ凝ってみるトイレはほかの階へ行く

かなり緊張する静かな職場で、休憩も取りにくいので、自分をいたわり喜ばせるように飲み物に凝ってみたり、トイレは別の階に行ったり、そのついでに見た鏡でめちゃくちゃ自分を褒めたりしてます。(さくらさん)

**そのほか、こんな知恵もありました!**

トイレに入ったら、頭のツボを押してリラックスするようにしています。

あじさいさん

昼休みは外へ出て、静かな神社や行きつけのお店でランチや美味しいコーヒーをいれてもらってストレス発散。

りかりんこ!さん

休憩時間は必ずひとりで、音楽を聴くのと本を読む時間を確保する。

雪月花さん

## 疲れているのは体ではなく頭。「休んでいいよ」と自分に許可して

職場で一日中気を張っていて、家に帰るとぐったり。そんな繊細さんにお話を伺うと、職場にいる間、「この仕事が終わったら次！」と息つく間もなく働き続けている様子が伺えます。忙しい職場でトイレに行くのも遠慮していたり、午後に短い休憩時間があるけれど、休んでいるのも気が引けてすぐに仕事に戻ってしまう、という方も。「休んでいるのはお昼休みだけで、それ以外は頭がずっとフル回転」となると、やはり大変です。

そんな繊細さんが疲れているのは、**体よりも頭**。緊張しっぱなしでぐったりしているのですね。まずは**「もうちょっと休憩してもいいよ」と、自分に許可を出しましょう**。落ち着いてまわりを見てみると、必ずしもみなが働き詰めなわけではありません。同僚と雑談していたり、ぼんやりパソコン画面を眺めていたり。お昼休み以外にも、なにかしら息抜きの時間をとっているのです。

頭を回転させ続けるのではなく、途中で煮詰まったら休憩、一つの仕事が終わったら休憩……と、こまめに休憩を取り入れてみてください。

休憩のポイントは、**「頭を使わないことをする」**です。仕事について考えたり、ネットニュースを見たりしていると、頭が休まらず、緊張状態が抜けません。

ほかの階のお手洗いに行ってついでに構内を散歩してくる、「おいしいなぁ〜」と味わいながら飲み物を飲む、ぼーっと景色を眺めるなど、体を動かしたり五感を使ったりする時間をとってみてください。まわりの目が気になるときは、机の上を片づける、不要な書類をシュレッダーにかけに行くなど、頭を使わない単純作業を取り入れることで、緊張がほぐれてきます。

こまめに緊張を解くことで、一日が終わった後の疲れがずいぶん軽くなりますよ。

POINT

## 頭を使わない単純作業で緊張を解こう

Column

# 繊細さんの大変さはどこからくるの？

繊細さんの中には生きづらさを抱えている人もいれば、そうではなく元気に暮らしている人もいます。生きづらさを抱えている場合、その生きづらさはどこからきたのでしょうか。繊細さんたちのご相談にのってきた経験から、生きづらさには、次の3つの要素が関わっていると私は考えています。

まず1つ目は、**繊細さんが少数派である**ことです。

5人に1人が繊細さんとはいえ、社会全体で見れば少数派です。働き方からカフェのBGMの音量といった環境まで、多数派の感覚に合わせて（多数派にとって問題ないように）調整されていますから、感覚の鋭い繊細さんにとっては過ごしにくい、働きにくいと感じることも多々あります。これは右利き・左利きと似ていて、悪意があるわけではなくとも右利きを前提とした商品や物の配置が多いように、社会は多数派に合わせたつくりになりやすい、ということです。

また、まわりの人と感覚が異なるため「気にしすぎ」「考えすぎ」など不適切といとらえ方をされることがあり、「気にしすぎる自分が悪いんだ」など自分でも自分を否定してしまう、ということが起こります。

これらは「繊細さんだから」ではなく「少数派だから」起こるしんどさだと言えます。

2つ目は、**育った環境の影響**です。HSPは生まれつきの気質ですが、気づいたことに対して「大丈夫」と思えるか、それとも「心配で仕方がない」と不安になるかどうかは、育った環境の影響を受けます。

安心感の少ない家庭で育ったり、いじめを受けたりした経験によっても、自分を否定することが起こります。また、虐待的な環境ではなくとも、感覚の違いから、繊細さを「神経質」「ワガママ」などと言われて育ったり、話したことを理解してもらえない、受け取ってもらえないという環境で育つと、「自分は自分のままでいいのだ」

という感覚を持てず、生きづらさにつながります。

3つ目は、**社会の状況**です。自己責任論が強く叫ばれ、雇用が不安定になる中で、「自分の力で生き残らなければならない」という余裕のない社会になっています。今の社会では繊細さんも非・繊細さんもストレスを受けやすくなっていますが、繊細さんは感じる力が強いぶんストレスも受けやすく、まわりによく配慮し「ワガママ」になりきれないこともあって、つらさを感じやすいように思います。

「最近の若者は繊細だ」と言われますが、私のところには50代、60代の方もご相談にいらっしゃいます。繊細な人は昔からいたのだけれど、社会が余裕をなくしたことで仕事や人間関係に悩む人が増え、悩みの中で自分がHSPだと気づく人が増えた。社会のひずみが、若者や子ども、繊細さんたちに、生きづらさとして表れていると私は考えています。

1．少数派であること　2．育った環境　3．社会の状況は、それぞれ相互に影響を及ぼしています。雇用が不安定になり、社会福祉制度にもほころびが目立つなど

「自力で生き残らなければならない社会」になると、ただ楽しむことや丁寧さが非効率的とみなされ、親も子どもに「何かができること、優れていること」を求めるようになります。繊細な子どもは親の価値観を敏感にキャッチしますから、「愛されるには／認められるには、○○ができなければいけない」と自分を追い込んでしまう。

そして、心に余裕がなければ他者との違いを尊重することも難しくなります。「どんな私でもOK」という自己肯定感を妨げられやすい社会状況なのです。

これらは「社会が悪い」「家庭が悪い」と突き放せる問題ではありません。自分も社会をつくる一員である以上、自分と社会を切り離せはしないのです。「どうやら社会はおかしい。そして、自分の中にも社会の価値観が入り込んでいる」ということではないでしょうか。

本音を大切に、自分のままで生きようとする道のりの中で、自分の中にある社会の価値観と向き合うときが来ます。自分の幸せは何かをみつめ、本音を大切に生きる人が増えることで、「私は私でいいし、あなたはあなたでいいんだよ」と、互いの考え方や感じ方の違いを尊重できる社会になってほしいと思っています。

# 第3章

# 日々の悩みを解決する知恵袋

ココ、抜けてたので
次から気をつけてね
あっハイ!! すみません!!
ちょっと言われただけなのに
なんでこんなに落ち込むの?
ノートに書く
・できごと〜
・自分の気持ち
・体調〜
・天気〜
あっこれ
いつものパターンだ
生理前&忙しい
復活リストからチョイス
・お茶を飲む
・ヨガ
・寝る
・お笑い動画
・友達とLINE
お茶飲んで
寝よう〜

22

# きっかけは些細なことなのに、すごく落ち込んでしまうときは

些細なことだと自分でもわかっているのに、何日もずーんと落ち込んでしまう。まわりからは「そんなに落ち込むようなこと……？」と不思議がられるし、自分でもどうしたらいいのかわからない。気分が落ち込んだとき、どうやって立て直したらいいのでしょう？

## ノートに書いて
## 自分の気持ちを理解する

想像が働きすぎて不安なときや落ち込むことは今でもあります。そんなときには、ノートにそのまんまの思いを書きまくります。自分が何に対して不安だったり怒っていたりするのかがわかると少しスッキリ消化できるときもあります。（naosuさん）

## 誰かと会話するだけで救われることも

何も事情を知らない人と他愛もない話をしたり、話しやすい人にだけチラッと話してみたりします。誰かと会話するだけでも救われることもあります。それから家に帰って、静かで薄暗くした部屋にこもってぼーっとしたり、本を読んだり、ぬいぐるみを抱っこします。どうにも涙が出るときは出しきります。（まりりんさん）

## 自分のために
## 少し贅沢な時間をつくります

ケーキなどプチ贅沢品を帰りに買って、それを堪能するために早くお風呂に入るなど、準備をしてから楽しみます。自分のための時間に手間をかけてふだんはしない少し贅沢な時間をつくります。（銀河さん）

**そのほか、こんな知恵もありました！**

今日あったことで（ちょっと前のことでも可）、良かったことや嬉しかったことを思い出して、それをお守りのようにして気持ちを切り替えています。

トレたんさん

泣きたくなったら思いっきり泣いてつらい気持ちをしっかり感じます。すると、落ち込まないようにがんばるより、すっきりと早く立ち直れました。

nitakaさん

とにかく、寝ます！ 考えすぎて眠れなくなることもありますが、寝ると気持ちが落ち着きます。

ちっちさん

## ノートに記録して、落ち込みと復活のパターンを見つけよう

些細なきっかけで何日もひどく落ち込んでしまって、自分でもどうしたらいいのかわからない。そんな落ち込みに対しては、2段構えで考えてみましょう。

**1．パターンをみつけて対処する**

気分の落ち込みには何かしらのパターンがあるものです。**まずは落ち込んだときの状況（体調、天気、仕事の状況など）を記録してみましょう**。すると「仕事の納期が迫っているとプライベートでも不安になりやすい」「生理前だとちょっとしたことで落ち込む」など、自分のパターンが見えてきます。

落ち込んだときには記録を見返してみてください。**「いつものパターンだ」とわかれば、自分の状態を客観視でき、気持ちも少し落ち着きます。**

あたたかいお茶を飲む、散歩する、気になっていることを片づけるなど、元気なと

きにあらかじめ**「自分なりの復活方法」**をメモしておくと、落ち込みにのみ込まれすぎずに対処できますよ。

復活方法として、アンケートではこんな方法もありました。

・早朝や夜に散歩をするといろんな悩みごとが浮かんできて、どうすれば解決できるのかアイデアも出やすい気がします。一種のデトックス効果も感じられます。澄んだ空気や人の少なさも低刺激で落ち着きます。（H2Oさん）

・会社の通勤で歩いているとき、大好きなハワイの海岸近くの道を歩いていると思って少しちがうことを考える。（よぉょさん）

・身近な人に聞いてもらいます。繊細さんの気持ちがわかる人とそうでない人それぞれに聞いてもらうと、客観的かつ前向きにとらえられるようになります。（ういさん）

## 2. そもそも落ち込まないために

1では落ち込んだあとの対処法をお伝えしましたが、本当は、そもそもそんなに落ち込まずにいられるほうがいいですよね。

ちょっとしたことでひどく落ち込んでしまう場合は、「もしかして、日ごろの我慢が多いのではないか」と振り返ってみてください。

イヤだ、つらい、といった本音にフタをして無理を続けていると、最後の1滴でコップの水があふれるように、小さなことが引き金になってガクッと気持ちが落ちたり、生理前に感情のコントロールが効かなくなったりすることがあります。

**イヤだ、つらい、というのは大切な本音です。「疲れたなぁ」と思ったら「このくらいのことで」と打ち消さずに休む、「イヤだ」と思ったら相手と距離をとる**など、本音を大切に、自分をいたわってあげてくださいね。

なお、繊細さんの中には、幼いころからまわりにネガティブな感情を受け止めてもらえず、「イヤだ」「つらい」という感情そのものを封じてしまっていて、自分でも感じ取れなくなっている方がいます。（※詳しくは拙著『繊細さんが「自分のまま」で生きる本』（清流出版）をご覧ください）

**自分の本音がわからないときは、体の状態を観察してみましょう。**49ページでご紹介しましたが、心と体はつながっていて、体は心を読み解く手がかりになります。お腹をこわす、肌荒れが続いているなど体に変化があれば、「ストレスがかかってるのかな」「体が何かを嫌がってるのかも？」と振り返ってみてください。

**体には症状が出ているあいだは仕事や家事のペースを落とす、人のためにやっていることを減らして自分のための時間を確保するなど、まずは自分をいたわってあげましょう。**いたわるうちに「やっぱり疲れてたんだ」「あれってこんなにストレスだったんだ」と原因に気づくこともありますよ。

ふだんから本音を大切にすることで、ひどく落ち込むことも減っていきます。

なお、激しい落ち込みには過去のトラウマが関係していることもありますから、つらいときはカウンセラーなどの専門家に相談してみてくださいね。

POINT

**イヤだ、疲れたといった本音を大切に自分を休ませてあげよう**

23

# 自分に自信を持てません

「自分に自信を持てない」とご相談いただくことがあります。仕事や家事は問題なくできているのにずっと自信を持てなかったり、自信がほしくてさまざまなことを試してみたり。何年もつらいときは、もしかしたらがんばるベクトルが違うのかもしれません。自信とはいったいなんなのか、一緒に考えてみましょう。

## 好きなことに時間をかける

私が自分に自信が持てないときは「自分のケアが足りないとき」です。疲れていたり、他人ばかり気にしていたりすると、自分軸がブレブレで、自信がなくなります。自分で選択していると自信がでるので、選択ができるくらい自分の中を整えます。たとえば、深呼吸したり、好きなお茶を飲んだり。一見無駄だけど、自分が好きなことに時間をかけると、少しずつ整った気がします。(繊細ガールさん)

## 褒められたことや感謝されたことを自分の中の貯金箱に貯めていく

褒められたことや感謝されたことを、自分の中の貯金箱にキチンと貯めていくと、だんだんと自己肯定感が上がったり、自信を持てるようになっていきました。とにかく成功体験の積み重ねが大切だと思います。(トレたんさん)

## 心から楽しいと思えることをする

どうしても苦手なことを克服しようとしたり、できないことばかりに意識がいって気にしてしまうので、好きなことや心から楽しいと思えることをして、少しでもその時間をとるようにすることで、気持ちが少し上向きます。日時を決めて、習慣にすると良いです。今実践中です。刺繍や読書、バレエ、ランニングなどです。(ほのぼのくまもんさん)

**そのほか、こんな知恵もありました!**

自分の繊細な部分に「なんでこうなんだろう?」と自信をなくすこともあったんですが、自分がHSPだとわかってからは、そんなところも受け入れられるようになりました。

川口さん

人前で発表したときなど、なるべくアンケートや感想を求めるようにしました。自分では「全然だめだ…」と思っても、意外に好評だったりするので自信になりました。

りんごさん

部屋の片づけをして物を減らしたら、物事の優先順位がつけられるようになり、仕事も遊びも楽しめるようになり、結果的に自信がつきました。

シェルさん

## 「私は私でいいんだ」という安心感を取り戻す

はたして、「自信」とはいったいなんでしょうか。「自己肯定感」と「自己効力感」の2つに分けて考えると、その正体が見えてきます。

**自己肯定感とは、「私は私でいいんだ」と自分を肯定する気持ち**です。いいところもダメなところも含めてまるごと自分を肯定し、私は生きていていいんだ、と思えること。生きる上での安心感につながります。

一方、**自己効力感は「私には、〇〇をやる力がある」というもの。**「英語には自信があります」など、特定の物事についての自信です。

相談者さんが「自分に自信を持てない」とおっしゃるとき、多くの場合で自己肯定感のことを指しています。

「まわりに認めてもらいたい」という思いから資格をとったり、仕事で結果を出したりすると、自己効力感は増すのですが、自己肯定感のほうはなかなか回復しません。

本当にほしいのは「何かができてもできなくても、そんなことには関係なく、私は生きていていいんだ」という安心感ですから、いくら「できること」を積み重ねても、「できないことや、ダメな部分があっても大丈夫」と自分で自分を受け止められないうちは、安心できないのです。

また、自己肯定感には、「私が感じていることは私にとって本当のことだ」という感覚の肯定が欠かせないのですが、これは生まれつき人間に備わっているものです。赤ちゃんは、お腹が空けば泣きますよね。**生まれたときは、誰に遠慮することなく、自分の感覚を肯定しているのです。**

繊細さんはまわりの人とのちがいを感じる場面が多いため、「自分の感じることはおかしいのではないか」「自分がダメなのではないか」と自分の感覚を疑ってしまうところがあります。自分の感覚を信じきれないと、判断のよりどころが失われます。自分にとって何が良いことで何がイヤなことなのか、自分ではわからなくなり、「まわりの人がどう思うか」が基準になってしまうのです。

自分で自分にOKを出せないと、他者に認められることで安心感を得ようとしますから、他者からの評価に左右されやすくなります。疲れていてもがんばり続けてしまったり、常に褒められていないと不安だったり、「仕事がうまくいっているときはとても調子が良いけれど、うまくいかないことがあると、とたんに落ち込んでしまう」といった激しい気分の浮き沈みを繰り返すこともあります。

では、自己肯定感――「私は私でいいんだ」という安心感――を取り戻すには、どうしたらいいのでしょうか。

そのためには、**自分の「心と体」に目を向けていきましょう。**具体的には、

**1.「～すべき」という思考ではなく、「～したい」という本音を大切にする**

・お散歩や絵を描く、ブログを書く、お昼寝など、「やりたい」と思うことがあれば、小さなことでもやってみる。やりたくないと思ったら、できるだけやらない。

・生産性や効率、成果にとらわれず、「風が気持ちいい」「ごはんがおいしい」など、ただ楽しむこと、味わうことも大切にする。

**2.体の状態を感じ取って、自分をケアする**

・疲れたなぁと思ったら、「このくらいで疲れるなんて」と自分に鞭打つのではなく、休憩したり、早めに眠ったりと、自分を休ませる。

### 3. 自分の気持ちを受け止める

・悲しみや怒りが湧いたら「このくらいのことで落ち込むなんて」「自分の心が狭いんだ」などと否定せず、「イヤだったな」「悲しかったな」と受け止める。
・自分の気持ちを信頼できる人に話したり、日記に書いたりするのもおすすめ。

心と体に目を向け、自分の本音を大切にすることで、「私は私でいいんだ」という感覚が戻ってきます。

心と体を大切にすることは、他者に向いていた視点を「自分」に向ける取り組みです。何かができることで愛してほしい、と「誰かから与えられる愛」をひたすら求める状態から、自分で自分を愛する状態へと変化が始まるのです。

POINT

**心と体に目を向けて**
**自分の本音を叶えてあげよう**

24

# 苦手な人がいるとき、どう接していますか？

「この人もきっと本当は悪い人ではないんだ」「いいところを見つけよう」と思っても、相手の振る舞いが好きになれないし、話をするのが苦痛。苦手な人と接するとき、どうすればラクになるのでしょう？

## 業務の担当を明確にして、やりとりを減らす

言葉や態度がキツイ上司とふたりでチームを組むことになり、大変でした。業務内容が重なるとやりとりが増えるので、「ここまでは私がやるので、ここから先をお願いできますか」と、業務の上流と下流でとにかく担当を分け、やりとりが少なく済むようにしました。業務に支障がなければ「苦手なままでもいいか」「こういう人だから仕方がない」ぐらいの気持ちでいるとラクです。（中井さん）

## 愛想良く答えたりせず、距離を置く

苦手な人とはなるべく距離を置くようにします。雑談に愛想良く答えると話しかけられるきっかけになるので、最低限の返しにしています。あまりに苦痛を感じたときは、上司に相談して別部署にしてもらいました。（ほよよさん）

## 相手の癖やこだわりポイントを見つける

相手の癖や、こだわりポイントを見つけて合わせていくと、少し仕事しやすくなります。わからないときは、「一緒に働くあなたがより仕事しやすいように工夫したいので、こだわっているポイントや、ここだけは守ってほしいことはありますか？」と正直に相談すると、あまり悪い気持ちにはならないと思うので、少しでも相手のことを教えてもらえると思います。（しみずさん）

### そのほか、こんな知恵もありました！

コミュニケーションの足りなさが原因だと後で気づいた。声かけを増やしたら、苦手感が減った。うまくいったと思う。

まさん

苦手な人に話しかけると空回りすることが多いので、相手が話しかけてくるのを待ちます。聞かれたことに答えるのは、考えすぎずにできるので、ハードルが下がる気がします。

ちっちさん

関わり合いを最低限にするとともに、仕事上必要なコミュニケーション（特に挨拶などは）はしっかりとります。

Mihoさん

# 「キライ」の感情を受け止めて相手と心の距離をとる

繊細さんは良心的で共感力も強いため、まわりの人と良い関係を築きたいという思いが人一倍強い傾向にあります。「職場のみんなと仲良くしなきゃ」「誰にでもいいところはあるのだから、いいところを見つけて好きにならなきゃ」など、「相手をキライになってはいけない」という思いがあると、苦手なことを悟られまいとして、苦手な相手に自分から近づいてしまうことも。

まずは**「相手をキライになってもいいんだ」と自分に許してあげてください**。世の中にはさまざまな人がいますから、好きになれない人や合わない人がいるのは自然なことです。全員を好きになろうとせず、まずは「苦手だなぁ」「この人キライだな」と思って心の距離をとりましょう。物理的には、**挨拶はしっかりするけれど自分から話しかけたりはしない、という距離感です**。好きにならなきゃとがんばるとかえってアレルギーを起こしますが、心の距離をとると気がラクになり、「まぁいいか」「ここはイヤだけど、ここはすごいね」と冷静に相手を見れるようになります。

また、自分が相手に求めていることを整理してみましょう。すると「感じのいい対応をしてほしい」など、相手には難しいことを求めていた、と気づける場合があります。まずは「企画を応援してくれなくても、判子を押してくれたらＯＫ」など、現実的なゴールを定め、それをクリアすればＯＫにしてみてくださいね。

そして、**自分の反応は、自分が主導権を握るようにしましょう**。相手が親切にしてくれたら「いい人かも！」と喜んだり、無碍《むげ》にされたら下手に出たりと、相手の反応にぴたりと合わせると振り回されてしまいます。**「あなたがどうであろうと、私は私の好きなように振る舞います。良いことをしてくれたらお礼を言うし、イヤなことはイヤと言う」という毅然とした姿勢でいると、相手に振り回されにくくなりますよ。**

POINT

相手の反応に合わせると振り回される
「良いことをしてくれたらお礼を言う」
ぐらいのスタンスがおすすめ

# 25

# SNSとの距離感、どうしたらいい？

SNSは、共感できる相手をみつけるためにも有効なツール。自分の発信に反応があるのも嬉しいものです。その反面、膨大な情報に接して疲れてしまうことも。振り回されずにSNSを楽しむにはどうしたらいいのでしょう？

## 好きなもの限定でフォロー「いいね」に留めて交流の手を広げすぎない

イヤな感じがしたり、イヤなことが起こったところからは勇気を持って離れました。今はコメントをもらって嬉しくなっても、「いいね」に留めるなどして交流の手を広げすぎないように一定の距離を保っています。好きな動物など好きなもの限定でフォローしています。（あこさん）

## ホーム画面からアイコンを消して休憩

仕事柄、主要なSNSは一通り使っています。でもそれらを見すぎてしまうとどうしても影響を受けてしまって。自分のツイートに「いいね！」をもらえるのは嬉しいけど、それを気にしてばかりなのも疲れます。そんなときはスマホ（Android）の機能を使って、ホーム画面からSNSのアイコン自体を消しておきます。（横山さん）

## コミュニティをやめても嫌われることはない

タイムラインを見ることが精神的な負担になってしまい、断りなしにやめたコミュニティもあります。それが理由で心配されることはありつつ、嫌われることはないと気づき、とてもホッとしました。共感も多く、みんな疲れているのだな、という感じでした。（扇風機さん）

### そのほか、こんな知恵もありました！

最近デジタル断食しています。めちゃくちゃいいです。繊細さんに本気でおすすめです。

Yさん

TwitterとInstagramを使っています。目にしたくない情報が流れてきて穏やかな心でいられなくなりそうなときはすぐに閉じるようにしています。

川口さん

SNSにいっさい触れない日をつくっています。すべての通知を切って、新着メッセージが来ても無視します。何度か続けるうちにSNSのメッセージに緊急性のあるものはないとわかり、ラクになりました。

ちあきさん

## 本当につながりたい人とつながろう

対面ではなかなか話せないような心の深部まで発信できる、広い世界で仲間を探せるという点で、SNSは繊細さんと相性の良いアイテムです。繊細さんは日ごろのインプットが多い分、ブログやTwitterなどでアウトプットすることで心を整理できる、という利点もあります。

一方で、SNSには見知らぬ人の意見が大量に飛び交っているため、触れすぎると情報過多になりがちです。雑多な情報を目にすると頭が忙しくなりますから、入ってきた情報を受け身でそのまま見るのではなく**「見る情報を厳選する」「見る時間を決める」**など、自分でコントロールすることが必要です。具体的には、

- **全投稿読みたいと思える人や、穏やかな人とだけつながる**
- **SNSのホーム画面には長時間滞在せず、投稿はプロフィール画面から行う。**（ホーム画面にいると次々に情報が飛び込んでくるため）

**・通知をすべてオフにしておく**
**・友人のSNSであってもすべて見るのではなく、会ったときに直接近況を聞く**
**・定期的に「SNSを見ない日」を設ける**

などがあります。ちなみに私は、今一番使っているSNSはTwitterなのですが、全員ミュートにしていて「○○さんどうしてるかな?」と思ったら検索で探して見にいきます。ブログも、アプリのホーム画面から見るのではなく、ブラウザでブックマークして直接見にいきます。「見たいものを決めて見にいく」スタンスでいると、接する情報がずいぶん減りますよ。

SNSを見ない日を設けると、日ごろ頭が忙しくなっていることや、見なくても困らないことに気づけます。楽しめる範囲で使えるように工夫してみてくださいね。

POINT

**デジタルデトックスで心穏やかに過ごせる日を設けよう**

## 26

# 事故や事件のニュースを見ると落ち込んでしまいます

テレビやインターネットから流れてくる事故や事件のニュース。ショックを受けたり、当事者の気持ちを想像して何日も落ち込んでしまう、という声も聞こえてきます。ニュースとの距離の置き方や、落ち着いた心を保つための工夫をみてみましょう。

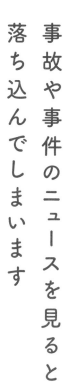

## 深く知って自分のためになるのか考える

興味があっても、そこそこのところで見るのをやめておきます。事故や事件のニュースの暗い状況に影響され、自分も暗い感情に包まれていき、引きずります。深く知って自分のためになることなら見てもいいと思いますが、必要かどうかを考えたほうがいいと思います。（こころさん）

## 新聞の見出しを読む程度にする

ニュースを見ないようにしています。特に自分のエネルギーが少ないときは、そっちに引っ張られて苦しくなるからです。テレビやネットのニュースではなく、新聞を読みます。見出しの部分だけをパラパラと読んでいてもなんとなく世の中を把握できたりもしますし、読みたくないときは新聞も読まないことがあります。（ゆきおさん）

## ペットの猫に話しかけると気が紛れます

見て落ち込んでしまったら、ペットの猫に話しかけます。こういうことがあったんだって。痛いね。しんどいねって話しかけていると、猫が可愛いのでそのうち気が紛れます。（あおさん）

**そのほか、こんな知恵もありました！**

とにかく友だちや家族にニュースのことを話してました。話していると、そういうとらえ方もあるんだ、と別ベクトルでニュースを見れるようになりました。

白くまさん

ちがうニュースにも目を向ける。胸が痛くなったりするが、他人であることを忘れない。

Natsu.さん

字幕にする。

なつみさん

# ニュースがしんどいときは情報から離れる

繊細さんは、非・繊細さんよりもミラーニューロンの活動が活発で、相手の痛みにも敏感に反応するため、事故や事件のニュースを目にすると、つらくなって落ち込んでしまうことがあります。

**事故や事件のニュースがしんどいと感じたら、ニュースが勝手に目に飛び込んでこないように、情報のとり方を見直してみましょう。**「家にテレビを置いていない」という繊細さんも多いのですが、これも1つの対策です。

日々の情報を知るには、感情をあおるテレビ番組やネットニュースよりも、**ラジオや新聞などの比較的静かな媒体がおすすめです。**ラジオは視覚情報がなく、落ち着いた声音で放送されますから、映像と音声が同時に入ってくるテレビよりも格段に刺激が少ないです。新聞は基本的にモノクロですし、ネットニュースよりはあおりも少ない印象があります。テレビをつける場合には音声を消して字幕にするなどの工夫もいいですね。

災害や大きな事故・事件などが起こると報道がそれ一色になることがありますが、「状況を知らなくては」と思いすぎず、つらいときは情報から離れましょう。**情報を見ない＝薄情、ではありませんから、心が落ち着いてから支援につなげられたら良いのだと思います。**

状況が気になるときや対策を知りたいときは、その問題に関する支援団体のＨＰを見るといいですよ。「炊き出しをしました」「啓発イベントを行いました」など、支援の情報も載っていますから、状況だけを知るよりも心強いです。寄付など、自分なりの支援にもつながります。

POINT

支援団体のＨＰを見ると、寄付など自分なりの支援につながる

# 27

# 空調の温度、音、光などが気になるとき、どうしていますか？

カフェやオフィス、自宅で、まわりの音や光が刺激に感じて落ち着かない。そんなとき、みなさんどうしているのでしょう？　快適に過ごす工夫をみなさんに聞いてみました。

## サングラスや耳栓を持ち歩く 使わなくても持っていると安心

着るものやサングラス、耳栓等を持ち歩き、気になったら自分を守るために使用しています。たとえ使わなくても、いざとなったときに身を守るものがあると思うだけで安心です。（あじさいさん）

## 蛍光灯が苦手 家では間接照明にしています

僕は白い蛍光灯の色が苦手ですね。「仕事やらなきゃ」っていう気分になってしまうんです。だから家にいるときは、間接照明にして過ごしやすくしています。副業でデザインの仕事もしているので、色の仕上がりを見るときだけ蛍光灯をつけて、すぐに間接照明に戻します。（横山さん）

## 音が気になると上司に相談して 耳栓をしていました

職場で音が気になると相談したら、上司に耳栓をしていいよと言われて、していた時期がありました。業務の性質上、許されたのだと思います。あとは自分の部屋であれば遮光カーテンをしたり、パジャマのゴワゴワが気になって寝れないときは脱いで寝たりしています。（あおさん）

### そのほか、こんな知恵もありました！

寝るときに少しでも光や音があると気になってしまう体質なので、光は目張りしたり、洗面所などの換気扇の音が聞こえないようにドアを閉めたり、できるところから対策してます。

白くまさん

自宅では、不快なものは遮断する。「気になるから調節していい？」と伝える。自分では調節できない場所であれば、移動する。

kumiさん

家では、光や温度、音などはできるだけ自分が落ち着く環境に整えています。たとえば、左側に物があると気になるので、右側に多く物を置きます。

遥さん

# 自分の感覚を大切に心地良い環境をつくっていこう

繊細さんは、音や光など、まわりの環境からも刺激を受けやすいです。「こんな小さなことで」と思わず、できる範囲で少しずつ、心地よい環境をつくっていきましょう。みなさんの工夫をご紹介します。

■音

・ノイズキャンセリング機能のあるイヤホンを常に携帯して、必要に応じてつけるようにしています。（はなまるさん）

・好きな音楽をかけて、音を音で制すというのが効きます。好きな音楽や歌に集中するので、嫌な音がそこまで気にならなくなります。（あゆみのあゆみさん）

・嫌な音を聞いたら、優しい音楽を耳にするようにしています。（はるさん）

・小学生のころ、給食用のアルミのお皿とスプーンがこすれる音がとても苦手で、親

に頼んで木のスプーンに代えてもらった思い出があります。（川口さん）

## ■光

・疲れていると、ブルーライトを発するスマホやパソコンが余計につらく感じるので、家ではブルーライトカットのメガネをしています。（川口さん）

・調節できる照明で明るくしたり暗くしたり、サングラスの色違いを持ち、使い分けます。（あゆみのあゆみさん）

・カーテンを工夫します。厚くしたり、遮光にしたりします（サスケさん）

・曇りが苦手なので、日中でも光が少ないときは、電灯をつけます。（そらやさん）

・強い光が苦手なので、夏場は日中遮光カーテン（シェードタイプ）を半分閉めて過ごしています。夜は早めに寝室の電気を消してローソクのランプをつけてぼんやりしています。（Qさん）

・寝るときに気になる光は布をかけて隠したり、布団にもぐったりします。（M・Nさん）

## ■温度

・エアコンを点けたり切ったり、細かいけどそのつど、温度調整しています。寒いのが苦手なので絶対にブランケットを持ち歩くようにしています。（Lakshyさん）
・エアコンの送風口を確認して、直接風が当たらない席に座ります。（はなまるさん）
・ストールやタオルを持って行く。（なつみさん）

## ■におい

・マスクをして、刺激を減らしています。（つんにゃんさん）
・日によってアロマをつける。会社では手持ち用のアロマミスト、ハンドクリームなど自分にとって気持ちの良いものを持つようにしています。（まるさん）
・柔軟剤のにおいのするハンカチを持って歩いています。（おもちさん）
・水道水が乾ききらなかった食器のにおいなど、生臭いのがダメです。洗い物は必ずお湯を使い、すぐに拭きあげてからしばらく風を通してしっかり乾かす。置き型の消臭剤を部屋ごとに1つは用意する、などを実践しています。（えりさん）

寝不足や疲れているときは、ふだんなら平気な音や光も気になりますから、日ごろから体調を整えておくことも大切です。

まわりの環境から刺激を受けやすい気質は、大変なこともありますが、上手に使うと力になります。

- **落ち込んだときには、静かなクラシック音楽をかけてリラックスする**
- **素敵な空間に行って、その良さを全身で受け取る**
- **夜はロウソクの明かりでくつろぐ**
- **肌触りの良い服を着て嬉しくなる**

など、環境の力を借りて気持ちを整えることもできるのです。自分の感覚を大切に、心地よい環境を追求してみてくださいね。

POINT

環境の力を借りて
自分を整えることもできる

Column

# 「繊細さ」と「神経質」のちがい

繊細さは気質だとお伝えすると、「じゃあこの悩みは一生変わらないんだ」と思われる方もいるのですが、そうではありません。今いる環境との合わなさや、相手を優先して自分が後回しになっていること、親子関係からくる自己否定感など、繊細さそのものではないところから悩みが生じている場合も多々あるからです。

また、「繊細さ」ではなく「神経質さ」がつらさを引き起こしている場合がありま す。混同されやすいのですが、**繊細さ（HSP気質）と神経質は別物です。**繊細さんかどうかにかかわらず、神経質な状態は起こります。

仕事でも家事でも、「こうするともっと良くなる」とパッとわかったり、相手の感情に気づくのは、繊細さんにとっては自然なことです。ところが「間違ったらどうしようと不安で、書類を何度もチェックしてしまう」「相手の機嫌が悪いと、自分のせいかもと不安で仕方ない」など背景に強い不安がある場合は、おそらく神経質な状態です。アーロン博士は、著書『ひといちばい敏感な子』の中で、「臆病や神経質、心配性や落ち込みがちな性格というのも、HSPが持って生まれた遺伝的なものではなく、後天的なものである」と述べています。

**神経質な状態は、気質そのものではなく、不安な状況から身を守ろうとして生まれるものです。**たとえば、安心できない環境（家庭や学校）で育つと、自分を否定されたり、守ってくれる人がいなかったりして、どうにか自分で自分を守らなくてはなりません。「少しでも間違ったら責められるのではないか」「何か悪いことが起こるのではないか」と、まわりの状況や相手の感情にアンテナを張って警戒するようになり、神経質な状態になります。これは本人が悪いのではなく、それだけ大変な状況を生きてきたのだ、ということです。

日常生活がつらかったり、人間関係で同じパターンのトラブルを繰り返してつらい場合には、1人で抱えず、専門家に相談してみてください。自分の過去を振り返ることはときに大変な困難を伴いますが、つらさの根本原因に取り組むことで、不安になることが減り、より元気にのびのびと生きていけます。

# 第 4 章

# 「繊細さん」の素敵なところを活かす知恵袋

細かい間違いに気づいたり…
ここ、違ってるみたい
ホントだ。ありがとう
季節のうつろいに敏感な私
花が咲き始めた
相手の心遣いがとても嬉しく…
○○さん…
おつかれさま!
風邪治った?
クッキーどうぞ
いろいろあるけど今日も幸せ!
よ〜し
元気出た〜

# 28

# こんなところに繊細さを活かしています（仕事編）

こまかいところによく気づいたり、ほかの人が考えない部分まで考えたり。持ち前の繊細さを、仕事に活かしていけたらいいですよね。繊細さんの持つ力を5つに分類して解説していきます。みなさんが繊細な力をどう活かしているのかも、具体的にみてみましょう。

## 仕事用の資料を読めば相手のごまかしたいポイントがわかります

メーカーとユーザーを橋渡しする仕事をしています。メーカー側がつくった資料を読むと、文章のニュアンスで「ここをごまかしたいんだな」「ここを隠したいんだな」というポイントがだいたいわかります。こんな書き方をしたら相手にどうとられるかを見る感度があるので、事実は曲げませんが、資料を相手に渡す前に状況を確認したり、文言のニュアンスを調整したりしてトラブルを防いでいます。（高田さん）

## 困っている人に気づいてフォロー

職場でも落ち込んでいる人や困っている人に気づきやすいので、声をかけたり上司に相談してみたりします。また、本質的な部分に気づきやすいので、みんなで出した意見を整理してブラッシュアップする仕事は向いていると思います。（中井さん）

## 間違いも少なく信用できる！ と言われます

仕事の内容が細かく、ほかの人だと気にもならないことに気がつくので間違いも少なく、書類もきれいで早いし、信用できる！ と言ってもらえます。普通だったら、そこまでこだわらなくても……と言われてしまうのかもしれませんが、それが仕事なので、適職につけたと思ってます。（さくらさん）

**そのほか、こんなエピソードもありました！**

リーダーの立場になったときに、まわりを活かす方法がわかる。いいタイミングで声かけができる。

まさこさん

仕事で人の悩みを聞いたり、解決することに使っています。

KUさん

商品の売上げが伸び悩んでいるときの分析方法として、前任者は過去の売上げとの比較だけだったものを購買層や他社商品の動きなど、さまざま角度から分析しました。

シェルさん

## 繊細さんの「5つの力」は仕事で大きな強みに！

繊細さんには、共通する5つの力があります。**感じる力、直感の力、考える力、表現の力、良心の力**です。それぞれ個人差はありますが、どれも仕事に活かしていける力です。みなさんが仕事でどのように活かしているのかも、みてみましょう。

### ■感じる力

感じる力はすべての起点です。**仕事においてはほかの人が気づかない小さなことにも気づく、問題点を察知する、非言語のコミュニケーションを読み取るといった形で現れます。ミスの少ない丁寧な仕事にもつながります。**

・誤字脱字を見つけたり、少しちがうと気づくのが得意みたいです。（りんごさん）

・他人の顔色に敏感なので、「この人しんどいのかな？」と思ったら、「今日は何か疲

れてますか〜？」とふわっと声をかけてみたりします。（まりりんさん）

・音に敏感なので、機械の調子が悪いときなど、本当に故障する前に察知できて、重宝されたことがあります。（あんずさん）

・副業で占いをしています。メールでの依頼では、具体的なことが書かれていなくても、文章を読めばどんなことに悩んでいるかがだいたいわかります。（高田さん）

## ■直感の力

**直感は、これまでの経験が蓄積されて、考えなくても一瞬でパッと答えがわかるようになったもの。仕事の問題点を見抜く、「ここが大事だ！」と物事の本質を見抜くなど、仕事にも活かせる力です。**

ひとつひとつの経験をこまやかに感じているため、「あのときはこうだった。このときは……」と、繊細さんには膨大な情報が蓄積されています。直感を使うことは、これまでの自分の経験を信頼するということでもあるのです。

・心の機微を察知して、上司や自分のまわりの人の気持ちに寄り添え、何が必要かピ

ぴっとすぐわかる。（Ｃｈｉａｒａさん）

・飲食店でサービスをしています。お客様の表情から、話しかけたほうがいいのか、放っておいたほうがいいのか、判断しています。（きいちさん）

・細かい部分に気づくため、事務仕事はうまくやれていたと思います。不備を見つけるのが得意で、リスクヘッジになっていました。部下が処理したものを書類とシステムを照らし合わせてダブルチェックを行っていましたが、細かい点に気づく自分には本当に適任だったと思います。（ぷりさん）

■考える力

深く考えるのも、繊細さんのいいところ。**まわりの人が当たり前だと見過ごすことにも疑問を抱き、「こうしたらもっと良くなる」と改善していきます。**

先のことまで想像しながら仕事をするため、手戻りが少なかったり、リスクを未然に防ぐことにもつながります。

・集団で仕事をするときは、全体を眺めるようにして先を読むようにしています。そ

の中で準備不足な部分があれば、迅速性が必要なときにはこっそりと準備を手伝っています。(ゆっけさん)

・顧客への提案がかゆいところに手が届くほどこまやかと言われます。知りたいであろうことを予測して提案するので、顧客から質問は来ません。(yoshiさん)

・営業ツールがバラバラだったのが気になり、全国の営業メンバーが使いやすいよう仕組み化しました。データだけでなくパンフレットにして一覧にしたり、月別に使うものをまとめたり、社内ウェブに掲示板をつくったりしました。(シェルさん)

■表現の力

こまやかに感じ取り、直感を手がかりに本質を見抜きながら、深く考える……。**表現の力は「感じる力」「直感の力」「考える力」の合わせ技**。仕事では、相手の人となりを感じ取って言い方を工夫する、一目で見やすい資料をつくるなど、わかりやすく伝えるときに活躍します。

・メールを書くとき、人によって表現の仕方や文の長さを変えています。相手がわか

りやすいように考えて書くと、達成感も生まれます。（nitakaさん）

・企画開発やビジュアルのセンスを活かすことに長けていると思っていたので、イメージ写真の入った資料づくりや、新しい商品の提案は得意でした。（yumeさん）

### ■良心の力

繊細さんは、人間関係のみならず仕事でも良心的です。**自分が納得できることと相手に誠実であること、その両方を大切にできたとき、大きな力を発揮します。**

共感力を活かして、相手の気持ちに寄り添ったサービスを提供することが得意な方も多く、自分の関わる場所が安心できる場所になるようこまやかに配慮しています。

・相手の考えていることが何となくわかるので、接客に感動していただけることが多いです。ホスピタリティーがもともと備わっている気がします。（むーさん）

・いろんな方の掛け橋になり、社内の話しやすい雰囲気づくりをしています（しみずさん）

・同僚やお客様とは、最初から話せなくても、自分の少しの気遣いや聞く力、質問力

などでいつのまにか仲良くなっていることが多いです。（107さん）

・仕事が高齢者介護で認知症の方々のケアに携わっています。ほかの職員は認知症の症状の対応に苦慮していますが、僕は寄り添って心に伝わる接し方を心がけていて、認知症の特有の症状を緩和する接し方でご利用者から信頼を得られ、好かれています。（マッキーさん）

力を発揮するコツは、リラックスすることです。繊細さんの5つの力は「感じる力」が起点になっていますが、ストレスの強い状況では「感じていたらやっていけない」と感性を閉ざしてしまい、力を発揮しづらいのです。お茶を飲む、ストレッチするなど、心と体をリラックスさせてから仕事に取りかかってみてくださいね。

POINT

**自分の強みをみつけて伸ばしていこう！**

29

# こんなところに繊細さを活かしています（プライベート編）

プライベートの時間は、素に戻ってほっとくつろげるひととき。繊細さんは、日常のなにげないひとコマも深く味わい、小さな幸せをいくつも見出す感性を持っています。みなさん、プライベートでは、繊細さをどう活かしているのでしょう？

## 写真や言葉を可愛いもの、美しいものにしてSNSに投稿。自分の投稿に癒やされる

SNSにアップする写真や言葉を美しいもの、可愛いもの、おいしそうなものにすることで、ほかの人から「癒やされる」と言われます。また、Facebookなどは、過去の自分の投稿が上がってくると自分も癒やされます。(まりりん2さん)

## ハンドメイドで細かい作業や手触り、色合いを楽しむ

お菓子作りや手芸などのハンドメイドです。頭の中で完成図を描くところから始まり、細かい作業や手触りや色合いを楽しみ、完成度の高いものができると嬉しいです。(ひつじさん)

## 声や仕草から子どもの様子を察知して話を聞いてあげる

子どもが体調不良なときや、精神的に不安や悩みを抱えていないかを声や仕草でなんとなく察知できるので、そんなときはそっと声をかけて話を聞いてあげることができます。(たむさん)

**そのほか、こんなエピソードもありました!**

相手の喜びそうなことを、前もってやることで喜んでもらえるので、その笑顔で幸せな気分が味わえる。

kumiさん

お菓子作り。丁寧に作り、ラッピングをする作業には繊細さが活かされていると思います。

Qさん

においや音、光などから「何かおかしい?」とほかの誰よりも危険を素早く察知でき、その場所から立ち去ることができます。

えりかさん

## こまやかな感性は豊かな表現につながる

170ページで繊細さんの5つの力をご紹介しましたが、これらはプライベートでも活かしていける力です。

5つの力の中でも特にお伝えしたいのが、表現の力。**繊細さんのこまやかな感性は、豊かな表現へとつながっています。**

空の青が何層ものグラデーションに見えてその美しさにみとれたり、本の一節が、読んだときの感触とともに心に残っていたり、まわりの人との他愛のない会話ににじんわりと幸せを感じたり……。

繊細さんは、解像度の高いカメラのように、いいものをきめ細かく高精度で受け取って心のなかで味わい、大事なところをぎゅっと濃縮して表現を生み出します。

絵を描く、ハンドメイド作品を作る、歌うなどのアート活動だけでなく、ブログを書く、料理を作る、SNS用の写真を撮るといった日々の表現活動にも繊細な感性が大活躍。こまやかに感じるからこそ、伝えたい思いを高密度で作品に反映することができるのです。

**繊細さは、パートナーや友人など、身近な人との関わりの中でも活きています。**

たとえば、家族の様子がいつもとちがうとき。繊細さんは、ほんの少しの表情や声の変化にもよく気づきます。中には「体調が悪い人はにおいでわかる」という方も。小さな変化から相手の心模様に気づき、見守ることができるのです。

POINT

家族や友人間でも
繊細さんの〝感じる力〟が活きてくる

# 30

# 自分が「繊細さん」だって気づいたきっかけは？

全員分足りるかな？
Aさんの好きなチョコ味が
残り少ない。Bさんは
今日お休みだから席に
おいておこう。私はクッキーに
しようかな。うずまき模様がかわいいな
これ、
おいしい
よね～

最近では、ＨＳＰがテレビや新聞、雑誌で取り上げられたり、本屋さんでＨＳＰ関連の本を集めたコーナーが設けられたりと、ＨＳＰという言葉を目にする機会が増えてきました。みなさんはどうやって自分がＨＳＰだと知ったのでしょう？　自分がＨＳＰだと気づいたきっかけを聞いてみました。

## 本屋でふと目に留まったのがHSPに関する本だった

小さな問題がたくさんあり、自分ばかりなんでこんなに悩んでしまうんだと考えて本屋を見ていたときに、ふと目に留まった本がHSPに関する本でした。その内容を読むと自分が感じていたことばかりが書いてあり感動し、その場で購入しました。(melonさん)

## 仕事で悩んでいたときにネットで検索してたどりつきました

前にいた会社で、飲み会やチームプレーが苦手で、規則が多いのもストレスに感じて仕事をやめようかと悩んでいました。「こんな私でも働き続けられるのだろうか」とネットでいろいろと検索して、たどりついたのがHSPの情報でした。これだ! と思いました。(中井さん)

## 友人の息子さんがHSCで本を読むうちに自分のことだと気づいた

最初は、友人の息子さんがHSC(※)と知り、何かヒントになることが書いてあったら伝えようという軽い気持ちで『「繊細さん」の本』を手に取りました。読み進めるうちに、これは自分自身のことだ! とすぐに気がつきました。(あじさいさん)

※HSC:Highly Sensitive Childの略。ひといちばい繊細な子ども。

**そのほか、こんなエピソードもありました!**

テレビ番組(「世界一受けたい授業」のHSPの回)を観て。その前から、何となくそうなのでは? とは自分で思っていた。

あおさん

心療内科に行ったらうつ病の薬を処方されたけど、自分ではうつ病の症状にはあてはまらないように思えた。それで自分で調べてみるうちにHSPのことを知りました。

高田さん

## 生きづらさを抱えた繊細さんも、そうではない繊細さんもいる

ここで一度、HSP＝生きづらい、という文脈で語られることが多いのはなぜなのか、書いておきたいと思います。まず「なにかに悩んでいる人がネットや本で調べてHSPにたどりつく」という流れがあります。HSPを知るきっかけとして、悩みが出発点なのです。本やメディアは悩みに注目してコンテンツをつくりますし、私も含めSNSでは悩んでいる（いた）当事者が発信していることが多いため、どうしてもHSP＝生きづらい、というイメージに偏りやすくなっています。しかし、当事者の中からは、「HSP＝生きづらい、ではない」という声も挙がっています。

**一人ひとりをみてみれば、生きづらさを抱えている繊細さんもいれば、そうではなく元気に暮らしている繊細さんもいます。**HSP＝生きづらい、あるいは、そうではない、とわかりやすく統一できる話ではなく、実際にはどちらの状態もあるのです。

また、生きやすさは自分がいる環境（仕事や人間関係）によっても変わります。

私は、どちらの状態もあるという前提で、悩んだときの対処法とともに、繊細であることの良さも知っていただけたらいいなと思い、発信しています。

さて、自分が繊細さんだと自覚すると、一時的に感覚が鋭くなることがあります。鳥の鳴き声がよく聞こえるようになったり、まわりのものがより色鮮やかに見えたりと、感じる力が発揮されるのです。同時に、たとえばカフェで、いつもなら気にならない隣の人の話し声が気になるなど、イヤなものがよりイヤに感じられることもあります。カウンセリングの場で実感することなのですが、**感じることができるのは、受け止められる分だけです。自分は自分でいいんだ、と受け止めることで、安心して物事を感じられるようになり、感覚が鋭くなるのです。**もしそうなっても、しばらくすればその状態に慣れて落ち着きますから、心配しないでくださいね。

POINT

**繊細さを自覚すると**
**一時的に感覚が鋭くなることがある**

31

# 繊細さんだって自覚したあと、悩みは変わった？

「自分が繊細さん（HSP）である」と気づくことで、何か変化はあるのでしょうか。あるいは、知っても変わらないのでしょうか？　みなさんのお話を聞いてみました。この本を読んでくださっているみなさんはいかがでしたか？

## 少し自分に優しくなれました

いつも自分の繊細さを不甲斐なく思っていましたが、それも私なんだと、少し自分に優しくなれました。また、仕事選びなど、「多少無理をしてでも自分を鍛えないと!」と思っていましたが、今は無理をしない条件で、と考えられるようになりました。そうして認めることができてからは、堂々と人にも私は疲れやすいから、と笑顔で言えるようになりました。ただ、やはり非・繊細さんはいいな〜とも思うところは変わりません。(Qさん)

## 「自覚したらすべて解決」ではないものの「自分は変えない」を前提にした思考になれた

自分がHSPだとわかり、困っていることがすぐに解決したかというと、そうではなかったです。でも、無理に「エネルギーが高めの人」にならなくていいんだと思えましたし、「自分を変えないかわりに、どう対処していこうか」という思考に変わったのはよかったですね。(中井さん)

## 自分を受け入れたら対策しやすくなった

あれこれ気になりすぎる理由がわかり、安堵しました。知ることができて心底ほっとしています。気になることは変わりませんが、自らを受け入れたら、堂々と対策を練りやすくなり、望まない状況を回避しやすくなりました。(あじさいさん)

**そのほか、こんなエピソードもありました!**

感じるままに生きてもいいと気づき、のんびりする時間を多くとるようにしました。

ゆきおさん

自分を大切にする練習を始めました。一日一回、自分で自分を抱きしめて生きていていいんだよと心で唱えています。

上田摂子さん

とにかく生きやすくなった。でも、においや光などの刺激が大丈夫になったわけではないので、その部分とはうまく付き合っていかなくてはならないことも知った。

kumiさん

## 自分を知ることで「私は私でいいんだ」と思える

自分が繊細さん（ＨＳＰ）だと気づく一番の良さは、**「自分は自分でいいんだ」という安心感が増すこと**だと私は考えています。それまで「気にする自分がいけないんだ」「自分はどこかおかしいのではないか」と思っていた方が、気質を知ることで自分の仕組みがわかり、自分を責めなくなります。それは、とても大きな一歩です。

繊細さんだと気づくことは、仕事においても大きな影響があります。「自分の努力が足りないんだ」「自分が弱いんだ」と思っていると、つらくてもその場でがんばり続けてしまうのですが、気質を知ることで、**「つらいのは努力の問題ではなく、この仕事（職場）が合わないからではないか」と視点が変わります。「自分を活かせる仕事（職場）はなんだろう？」と、自分を活かすほうへ考え方が変わるのです。**

もちろん、「繊細さんだとわかっただけでは悩みは変わらなかった」という方もいると思います。光や音といった感覚の鋭さには具体的な対策が必要ですし、人間関係では、本音を言ってみる、自分を傷つける相手からは離れるなどの行動が必要になります。仕事においても、合わない職場にいるのであれば、自分に合う職場を探すことが必要です。

「気質を含めて自分を大切にする」ということは、ときに、まわりに合わせてがんばり続けるのをやめて自分のままで生きるという生き方の変化につながります。生き方の変化は、一筋縄ではいきません。**１人では悩みが解決しないと思ったら、カウンセラーやコーチングコーチ、精神科医など、ＨＳＰに理解のある専門家に相談してみてください。**私もこれまで１人で変化してきたわけではなく、迷ったときにはコーチングを受けるなど、さまざまな方に相談してきました。繊細さんだと気づいたことをきっかけに、自分らしい人生を歩まれることを、心から応援しています。

POINT

**繊細さん（ＨＳＰ）だと気づくことは生き方の変化にもつながる**

32

# 自分に向いている仕事ってどうやってみつけたの？

繊細さんが自分の強みや感性を活かしてのびのびと働くには、どうしたらいいのでしょう？　仕事選びの視点をご紹介するとともに、「今の仕事は自分に合っている」という繊細さんに、どうやって今の仕事をみつけたのか、仕事選びで大切にしたことは何かなどを伺いました。

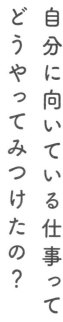

## 好きなことが当てはまる仕事だった

1つでも好きなこと（私の場合は、高齢者に関わること、人の困りごとを聞く）が当てはまる仕事だったため、10年近く働いています。場所、時間、給与など条件でたまたま選んだ会社でしたが、仕事自体が楽しいです。（しみずさん）

## HPの言葉づかいで社風を確認

損得勘定なく人と接することができるのが繊細さんのいいところだと思うので、それが活かせる仕事を選びました。面接に行くのもエネルギーを使うので、ホームページに書かれた会社の方針や社長のメッセージなどを見て、使っている言葉が体育会系など自分に合わなそうだったら面接に行かないようにしました。（中井さん）

## 好きなこととやりたくないことを明示しました

向いている仕事って、自分に自信がないとよけいにわからなくなるんです。転職エージェントに自分の好きなこととやりたくないことを伝えて、会社を紹介してもらいました。「この人は向いてる」と相手側が思えば採用してくれるはずと、見つけてもらう気持ちで転職活動しました。面接で「どうすれば私が働きやすいか」と、入社したあとのことを話し合ってくれたのが今の会社に入る決め手でしたね。「自分とウマが合うか」という視点で会社を見るのも大切だと思います。（高田さん）

### そのほか、こんなエピソードもありました！

なんとなくピンときた仕事、その建物の明るさや雰囲気など、自分の直感を一番大切にしました。ちょっとでも「どうかな……」って思ったことがあったら、あせってそこに決めないようにしました。

まりりんさん

いろんな仕事をして、介護の仕事にたどりつきました。資格をとるための職業訓練の中で自分と向き合う作業ができたことが大きかったです。今の自分があるのは自分を知ることから始まったと思います。

naosuさん

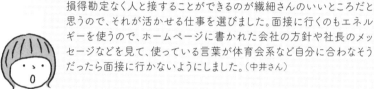

# これまでの経験のなかにやりたい仕事のヒントがある

「繊細さんに向いている仕事ってありますか?」と聞かれることがありますが、一人ひとりやりたいことも強みもちがうため、「繊細さんにはこの仕事が良い」という画一的な答えは残念ながらありません。

ですが、繊細さんたちから仕事のご相談を受ける中で、繊細さんが充実感を感じながら幸せに働くためのポイントがわかってきました。それは、次の3つです。

**1. 想い:やりたいこと、いいなと思えること**
**2. 強み:得意なこと**
**3. 環境:職場環境や労働条件**

これらが満たされるところに、幸せに働ける仕事=適職があります。

**1. 想い:やりたいこと、いいなと思えること**

やりたいことというと難しく聞こえるかもしれませんが、これまでの経験の中に、やりたいことのヒントが隠れています。

アルバイトを含め、これまでの仕事で好きだった業務や、つい集中してしまう業務を書き出してみてください。「その業務のどんなところが好きだったのか」を考えてみると、「人の話を聞いて応援するのが好き」「黙々と手を動かすのが好き」など、心惹かれるものの傾向が見えてきます。

やりたいことは、「カウンセラー」「事務」のような肩書や職種ではなくて、「人の話を聞いて応援したい」のように**「〜したい」という動詞**で表されます。

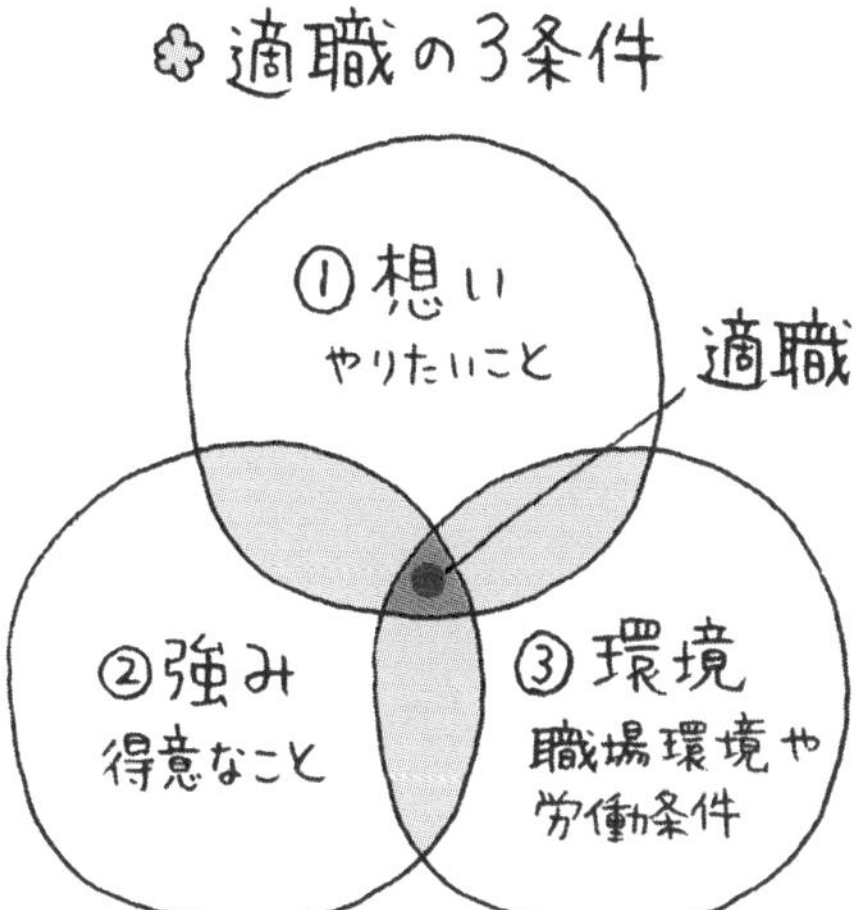


## 2．強み：得意なこと

強みは、得意なことです。「英語ができる」などのはっきりわかるスキルだけではなく、たとえば「全体を見ながら仕事をする」など、自然とそれができてしまう、意識せずにいつもやっている、という形で現れます。

まわりによく褒められること、「なぜみんなこれができないんだろう？」と不思議に思うこと、ついつい考えてしまうことなどを書き出すと、強みが見えてきます。

強みは、自分にとって当たり前すぎて気づけないこともあるので、強みをみてくれるコーチングコーチやキャリアカウンセラー、転職エージェントなどに相談して、客観的にみてもらうのもおすすめです。

### 3．環境：職場環境や労働条件

環境とは、オフィス環境や人間関係（職場の人と価値観が合うかなど）、労働条件などです。在宅勤務をしたいなど譲れない条件があれば、ワガママだと思わずに大切にしてくださいね。面接で職場を訪問したときに「いい感じ」と思えるか「ここに通うのは息が詰まりそう」と感じるかなど、なんとなくの直感も大切な判断基準です。

想いに強みをかけ合わせると、具体的な職業名やものごとの名前になります。

（やりたいこと）×（得意なこと）＝（職業名）。

ごく単純化した例だと「いろんな人の話を聞きたい」×「文章を書くのが得意」＝「取材メインのライター」といった具合です。ここに「環境」が掛け合わされて、どんな人たちと働きたいか、組織に属するのか、フリーランスになるのか……など希望を描いていきます。理想どおりの仕事でなければダメというわけではなく、自分にとって何が重要なのかを把握しておくことが、仕事選びの軸になります。

やりたい仕事を最初から肩書や職種で探すと迷子になりますが、「いろんな人の話を聞きたい。それができる仕事ってなんだろう？」など**「〜したい」をクリアにした上で求人情報を見ると、「この仕事もいいかもしれない」と、ピンとくる仕事をみつけやすいですよ。**

POINT

**働く上で大切にしたいことは何？**
**自分を知ることから始めよう**

33

# 繊細で良かったなって思うのはどんなところ？

いよいよ最後のテーマとなりました。これまでは繊細さを活かす、つまり〝役立てる〟という視点で繊細さんの良さをみてきましたが、今回は「役立ち」とは違う視点で、繊細さんの素敵なところをご紹介していきたいと思います。繊細で良かったと思うのはどんなところか、みなさんに聞いてみました。

## 美しいものに出合うと細部にわたって味わえます

日常生活で感動することが多く、美しいものに出合うと喜びが深いことです。花や映像の美しさ、コーヒーやアロマの香り、猫を撫でるときの毛の柔らかい感触、おいしいものを食べたときの感覚など、細部にわたって味わうことができます。（にゃんたさん）

## ほわーーっとあたたかな感謝を感じられる

ハートをオープンにして接することができたり、日々の中で内側からほわーーっとあたたかな感謝の思いがあふれ、幸せを感じることができます。自分軸の心地良いものを知ってそれを選べたときにそう思います。繊細さんどうし同じ感覚で話をしているときは、心からの安心感をもらい、そのまんまの自分でいられる気がします。そしてそのまんまでいいんだよとOKをもらえているように感じられます。（naosuさん）

## お困りの方をお手伝い。心の交流をはかれると私の心も温まります

かつて航空会社で障害者の方の接客もサポートしていました。街でお困りの様子の方のお手伝いをして、わずかでも心の交流をはかれると、この上なく幸せな気持ちになり、私の心も温まります。（ナナさん）

**そのほか、こんなエピソードもありました！**

お日さまにあてててふかふかになった枕に顔を埋めるだけで、とても幸せです。

中井さん

散歩をしているときに、ふと青空がきれいと思ったり、見えにくいところにいる猫を見つけられたりしたときです。

サオリさん

芸術に感動できること、人と深い交流が持てること、自然や動物などの生き物の優しさに触れられることです。

yumeさん

## 自分のために楽しみ、味わうことで繊細さんの人生はより豊かに

繊細さは仕事やプライベートで活かしていける力ですが、それ以上に、**幸せを味わうための大切な感性**です。

朝起きたら外がお天気で嬉しかったり、身近な人のちょっとした優しさにじーんとしたり。繊細さんは、毎日の小さな幸せにもよく気がつきます。

成果主義の社会にいると、どうしても役に立つことや生産性、効率を重視しがちですが、空の青さを眺めたり、時間を気にせず思う存分深く考えたりと、感性を全開にして味わう時間は幸せそのもの。

**自分のためにただ感じる時間や楽しむ時間を、どうぞ大切にしてくださいね。**

感じる時間を大切にすることで、生きる喜びが花開きます。

それでは最後に、繊細で良かったと思うのはどういうところか、繊細さんたちの声をご紹介して、この本を締めくくりたいと思います。

・**小さなことで幸せを感じられるところ。**先日、自宅のレースのカーテンがふわーっと風になびく様子を見て、あまりの美しさに感動しました。（えりさん）

・**美しいものを美しい、可愛いものを可愛いと感じる心があること。**繊細に産んでくれた両親に感謝しています。（上田摂子さん）

・**些細な自然の変化が楽しいです。**どこかに行かなくても我が家の庭の四季折々の移り変わりを眺めているだけで「あ〜、幸せ〜」と心から思います。「お金がかからない妻でよかったでしょ〜」と夫に感謝を求めています（笑）。（ラムネさん）

・何に対しても感想がないということがありません。**ボキャブラリーが豊富で、自覚はないのですが、話し込むとおもしろい人だと言われます。**好きなものには特に雄弁なので、販売職で物がよく売れました。（あゆみのあゆみさん）

・手芸やＤＩＹ、魚をさばくことなど、ＹｏｕＴｕｂｅを何度か見たらできるので楽しいです。また**「キレイだな」とか「楽しいな」ということも、非・繊細さんよりも感動してるのかと思うと、この気持ちを知れて良かったなと思います。**（りんなさん）

・**おいしいものはよりおいしく、嬉しいことはより嬉しく、美しいものはより美しく、心全部でいっぱい感じることができるところ。**得をしているなぁと感じます。（まるさん）

・娘も繊細さんです。なので、**お互い共感し合えるときはよかったなぁと思います。**また、**人に強引に接しすぎないので、余計なトラブルが起こりづらいと感じます。**（Qさん）

・**人よりも些細なことに気づけるので、体験したことを友人や家族に話すと、臨場感がありおもしろいと言われます。**また、いろいろな経験をおもしろおかしく編集して話せるのも、繊細さんならではの視点を持っているからかなと思います。（ちあき

さん）

・**星や桜、季節の花を見てきれいだなあとずっと眺めていられたり、他人の見た目の変化にすぐ気づけるとき、映画を見て号泣したときです。**自分の持っている感じる力はわりと気に入っています。（リリさん）

・**人が気にかけてくれたり気を遣ってくれたりしたときに、じわーっとあたたかさを感じ、満たされたような気持ちになります。**そんなとき、人一倍感じる力を持つ繊細さがあって良かったと思います。（モコたまさん）

・**あらゆることにたくさん感動できます。人や動物の感情を察することができます。映画を見て作品の内容だけでなく、つくった人たちの感情までも汲《く》み取ることができます。絵を描くことが好きなので、たくさんの色からイメージが湧きます。**（あつかさん）

・感動体質なところです。**ちょっとしたことで感動もできるし喜べるし、人の幸せも共感できて自分のことのように嬉しくなり、素直な気持ちで祝ってあげることができます。**（タケさん）

・武田さんの本を読んで、**自然の変化に気がつくことも自分の個性だと知り、より自然の変化を楽しめるようになりました。**季節の花が咲いていたり、雲が季節や天気で変わる様子を見ると、とても嬉しくなります。（繊細ガールさん）

・**自然や動物、素敵なもの、人、世の中の美しいものに心を傾けることができ、何とも言いようのない気持ちに浸れることです。**それがなかったら、かなりつまらなくなってしまうと思います。人生の色が消えてしまうくらいに。（まーさん）

・**わずかな微かな環境の変化に気づけます。**同僚や友だちがちょっと髪を切ったときやカラーリングしたときでもすぐに気がついて、その話をすると喜んでくれます。（マッキーさん）

・**人の素敵な気遣いに敏感に気づけるところ！**　幸せだなあと嬉しくなってしまいます。また、自然の音や雑踏を聞いたりすると心が洗われた気分になることもHSPで良かった……！と思えます。（ちかさん）

毎日の中にある「いいもの」に気づいて、全身で感じ、味わえる。
繊細さは、幸せを感じるための大切な感性です。
ご自身の繊細な感性を、どうぞ大切にしてくださいね。
繊細さんが自分のままで元気に生きることを、心から願っています。

POINT

## 繊細さは、幸せを感じるための大切な感性

## おわりに

# 小さな実践を通して、たくましくなっていく

繊細さんたちの知恵をお届けしましたが、いかがでしたでしょうか。

**知っているだけで、できることがある。**

これは、カウンセリングの現場でも実感することです。

相談者さんは「これから仕事をどうしようか悩んでいます」といった大きなテーマでいらっしゃいますから、「飲み会をどうやって断ったらいい？」といった小さな困りごとは、相談時間の終わりに「そういえば、こういうときってどうしたらいいんでしょうか」と、軽いトリビアとして聞かれます。

小さなご相談が出てきた場合は、状況をお伺いしながら「こんなふうに言ってみるのはいかがですか」「〇〇だったら言えそうです」などと一緒に考えています。

すると、100%ではありませんが、次回ご相談にいらしたときに「言ってみたら、案外大丈夫でした！」とご報告いただけることがあります。そのときの繊細さんの顔は、嬉しそうに輝いています。大きなテーマに取り組むことも大切ですが、「やってみたらうまくいった」というスモールステップを踏むこともまた、自分や人への信頼感を培《つちか》う上で、とても大切なのです。

人間関係は、後天的に学ぶ要素が大きいです。自分で試行錯誤することももちろん必要ですが、「想像の範囲外で、どうしたらいいのか自分では考えつかない」という場合もあります。そんなとき、「こういう方法もある」と知っておくだけでスムーズに言えたりするのです。

**「これならできるかも」と思えるものを、言ってみたり、やってみたり。**
**その先にあるのは、まわりへの信頼と自分への信頼です。**

**「やってみたら大丈夫だった」という経験が、「私は私でいいんだ」という安心感を育ててくれます。**

頼んだら快く助けてもらえたり、仕事を断ってもその後の人間関係を続けていけたり。そんな経験を通して「人間って、案外優しいんだな」と人間という存在への信頼感も培われていきます。

**大変なこともあるけれど、世の中は、思っていたよりいいところだ。**
**私は私でいいんだな。**
**そう思えたとき、優しさだけではなく強さが生まれます。繊細な感性を持ったまま、まわりに揺さぶられにくくなる。たくましくなるのです。**

私は繊細さんたちが好きです。たとえ悩んでいても、その背景には相手を思う心があり、深く考えていく気質があります。私にはその姿が、人間そのもののように思えます。

この本の中に1つでも、あなたが試せるものがありますように。

繊細さんたちが元気に生きていくことを、心から願っています。

最後になりましたが、ヒアリングやアンケートにご協力くださったみなさまへ、心より感謝申し上げます。本当に数多くの知恵と経験を、繊細さんならではの丁寧さで教えてくださいました。どのくらい回答をいただけるのか、わからないなかでのスタートでしたが、驚くほどの熱量で詳しく教えてくださり、こんなにも応えていただけるものなのかと、回答を拝見しながら何度も胸が震えました。本当にありがとうございました。

ヒアリングの書き起こしを始め構成や原稿を手伝ってくださったライターの細田さん、可愛らしいイラストを描いてくださったイラストレーターの坂木さん、いつも素敵なデザインに仕上げてくださるｔｏｂｕｆｕｎｅさん、根気強く担当してくださった編集者の吉野さん＆神山さんに厚くお礼を申し上げます。

多くの方から力をいただいて本書がみなさまのお手元に届くことを、心から嬉しく思っています。

よく晴れた夏の東京にて。　武田友紀

〈参考文献〉

泉谷閑示『「普通がいい」という病〜「自分を取りもどす」10講』（講談社現代新書）
エレイン・N・アーロン（著）、冨田香里（翻訳）『ささいなことにもすぐに「動揺」してしまうあなたへ。』（SBクリエイティブ）
泉谷閑示『「心＝身体」の声を聴く』（青灯社）
水島広子『対人関係療法でなおす トラウマ・PTSD 問題と障害の正しい理解から対処法、接し方のポイントまで』（創元社）
水島広子『対人関係療法でなおす 気分変調性障害 自分の「うつ」は性格の問題だと思っている人へ』（創元社）
ガボール・マテ（著）、伊藤はるみ（翻訳）『身体が「ノー」と言うとき――抑圧された感情の代価』（日本教文社）
ウィリアム・ブリッジズ（著）、倉光修、小林哲郎（翻訳）『トランジション――人生の転機を活かすために』（パンローリング）
エレイン・N・アーロン（著）、明橋大二（翻訳）『ひといちばい敏感な子』（1万年堂出版）
明橋大二（著）、太田知子（イラスト）『HSCの子育てハッピーアドバイス HSC＝ひといちばい敏感な子』（1万年堂出版）
長沼睦雄『「敏感すぎる自分」を好きになれる本』（青春出版社）

## 武田友紀　たけだ・ゆき

HSP専門カウンセラー。自身もHSPである。九州大学工学部機械航空工学科卒。大手メーカーで研究開発に従事後、カウンセラーとして独立。HSPの心の仕組みを大切にしたカウンセリングとHSP向け適職診断が評判を呼び、日本全国から相談者が訪れる。著書にベストセラーとなった『「気がつきすぎて疲れる」が驚くほどなくなる「繊細さん」の本』(飛鳥新社)、『今日も明日も「いいこと」がみつかる「繊細さん」の幸せリスト』(ダイヤモンド社)などがある。ラジオやテレビに出演する他、講演会やトークイベントなども開催し、HSPの認知度向上に努める。

HP 繊細の森 で検索してください。
http://sensaisan.jp/
コラムやエッセイを多数掲載中。

仕事、人間関係の悩みがスーッと軽くなる!

# 「繊細さん」の知恵袋

2020年9月24日　第1刷発行
2022年3月25日　第4刷発行

著者　武田友紀
発行者　鉄尾周一
発行所　株式会社マガジンハウス
〒104-8003 東京都中央区銀座3-13-10
書籍編集部　03-3545-7030
受注センター 049-275-1811
印刷・製本所　凸版印刷株式会社
イラスト　坂木浩子
編集協力　細田操子


ISBN978-4-8387-3124-4 C0030



マガジンハウスのホームページ　https://magazineworld.jp/